Wegzeichen

Religion 4

Ein Unterrichtswerk
für den evangelischen Religionsunterricht
im 4. Schuljahr
Neufassung

Von Steffi Beck-Seiferlein, Ursula Busley,
Günter Eckart, Bärbel Ellwanger, Renate Jacobi,
Sylvia Kelber-Stadler, Margrit Krippner, Eckhard Landsberger,
Jochen Lay, Gertrud Miederer, Gerhard Schröttel,
Friedrich Winter, Christiane Wolf-Schweiz
Unter Beratung von Heinz Rehlen und Walter Zwanzger

Verlag Moritz Diesterweg
Frankfurt am Main

Die Zulassung/Genehmigung in den einzelnen Bundesländern ist aus den jeweils gültigen Lernmittellisten/Schulbuchlisten zu ersehen. In Zweifelsfällen gibt der Verlag gern Auskunft.

Umweltschonendes Papier weil aus chlorfrei gebleichtem Zellstoff mit Holzschliff

Neue Rechtschreibung

ISBN 3-425-07864-X

Vertrieb in Bayern durch den Evang. Presseverband, München.

Umschlagillustration: Christian Schütte, Offenbach
Satz, Reproduktion und Druck: Appl, Wemding
Bindearbeiten: Münchener Industriebuchbinderei
Printed in Germany

Inhalt

In die Freiheit geführt werden

In Unfreiheit leben

Seit Josefs Tod sind viele, viele Jahre vergangen.
Die Nachkommen von Josef leben jetzt in Ägypten.
Ein Pharao, der nichts mehr von Josef weiß, kommt an die Macht. Er hat Angst vor den Israeliten. „Seht euch vor! Die Israeliten sind ein größeres und stärkeres Volk als wir. Wir müssen verhindern, dass sie noch mehr werden. Denn wenn es Krieg gibt, haben sie die Macht in unserem Land.“ So warnt der Pharao die Ägypter immer wieder. Er unterdrückt die Israeliten, wo es nur geht. Die Israeliten leiden unter der Zwangsarbeit.

In ihrer Not wenden sich Menschen zu allen Zeiten an Gott:

„Herr, mein Gott, ich klage dich an,
du hast mich geschaffen und mich bisher geführt.
Aber nun sehe ich keinen Weg mehr für mich.
Ich bin ratlos, wie mein Leben weitergehen soll.
So bitte ich dich . . .“

Hoffnung schöpfen

Die Not der israelitischen Familien wird immer größer. „Werft alle ihre neu geborenen Knaben in den Nil! Die Mädchen aber lasst am Leben!“ So befiehlt es der Pharao. Doch dann …

Lies die Geschichte von der Geburt und Errettung des Mose in deiner Bibel nach.

Zum Befreien berufen

Als junger Mann wächst Mose wie ein Ägypter am Hof des Pharao auf. Doch er vergisst nie, dass er ein Israelit ist. Mose leidet unter der Not seines unterdrückten Volkes so sehr, dass er eines Tages einen ägyptischen Aufseher erschlägt. Die Tat wird entdeckt. Deshalb flieht er vor dem Pharao nach Midian. Dort kommt er in die Familie von Jitro. Er hütet dessen Schafe und heiratet seine Tochter Zippora. Eines Tages, als Mose draußen auf dem Feld ist, geschieht etwas Sonderbares. Mose hört aus einem brennenden Dornbusch heraus eine Stimme:

„Mein Name ist Jahwe.
Mein Name ist:
Ich bin bei euch,
ich werde für euch da sein.

Ich bin da gewesen, als die Welt entstand.
Ich bin bei Abraham, Jakob und bei Josef gewesen.
Ich bin bei dir, Mose,
und ich bin bei meinem Volk Israel.
Du bist mein Bote,
du sollst mein Volk, die Israeliten,
aus Ägypten befreien!"

„Ich bin da!"
Diese Zusage macht Mut.

Um die Freiheit ringen

Mose kehrt nach Ägypten zurück und setzt sich für sein Volk ein. Immer und immer wieder weigert sich der Pharao das Volk ziehen zu lassen. Auch Naturkatastrophen können den Pharao nicht umstimmen. Die Unterdrückung wird immer schlimmer. Doch Pharaos Herz bleibt hart.

Und da spricht Gott:
„In dieser Nacht – ich gehe durch Ägypten.
Ich schlage alle Erstgeburt.
Alle sollen sterben,
die ältesten Tiere, die ältesten Söhne.
Niemand bleibt verschont.

Nur ihr vom Volke Israel,
ihr schlachtet am Abend ein Lamm.
Ihr bestreicht mit dem Blut
den Balken der Haustür.
Dann wird euch nichts geschehen.

Ihr sitzt beim Essen in der Nacht.
Ihr seid zum Aufbruch bereit,
im Reisegewand. Ihr esst vom Lamm.
Ihr denkt an den Herrn, der hilft.

Und dieser Tag soll Gedenktag sein,
solange die Erde steht.“

Lies die Geschichte von Passa und Auszug in deiner Bibel nach.

In dieser Nacht bereiten sich die Israeliten auf den Auszug vor. Sie essen das Passa-Mahl und machen sich auf den langen Weg in die Freiheit. Zur Erinnerung an diese Nacht der Befreiung feiern Juden auch heute noch das Passa-Fest.

„Ich bin da" – auch in der Angst.

In Freiheit leben

Der Pharao bereut bald seinen Entschluss, dass er das Volk Israel aus Ägypten hatte fortziehen lassen. Deshalb befiehlt er seinen Soldaten die Israeliten zu verfolgen, sie gefangen zu nehmen und wieder zu Sklaven zu machen.
Doch Gott rettet durch sein mächtiges Handeln die Israeliten und führt sie endgültig in die Freiheit.
Sie freuen sich, danken Gott und feiern ein großes Fest. Jetzt spüren alle: Gott hält an seinem Versprechen fest.

Lies in deiner Bibel die Geschichte von der Rettung nach.

Menschen sind zu allen Zeiten dankbar, wenn sie frei geworden sind.

UND ICH – HÖRE ICH DICH?

Zu Mose sagtest du: Mein Volk sollst du leiten!
Und Mose fürchtete sich sehr.
Doch dann stand Wasser hoch auf beiden Seiten.
Das Volk floh aus Ägypten durch das Meer.
Gott, Mose hörte deine Worte,
vor langer Zeit an fernem Orte.
Und ich, höre ich dich?

Gott, wie sprichst du mit den Menschen heute?
Sind wir denn ganz andere Leute?
Schickst du Boten, schickst du Worte?
In dieser Zeit, an unsere Orte?
Und ich, höre ich dich?

Text: Kinderkirchentagsteam
Melodie: Rainer Ibe

„Ich bin da" – auch in der Gefahr.

Die Freiheit aushalten

Wochenlang ziehen die Israeliten durch die Wüste. Am Fuß des Berges Sinai schlagen sie ihr Lager auf. Gott will mit Mose reden. Deshalb steigt Mose alleine auf den Gottesberg.

Gott spricht zu Mose:
„Ich habe euch aus der Sklaverei und Gefangenschaft in Ägypten befreit.
– Wollt ihr mit mir einen Freundschaftsbund schließen?
– Wollt ihr unter meinem Schutz leben?
– Wollt ihr meinen Willen tun und meine Gebote befolgen?
Wenn ihr 'Ja' sagt, sollt ihr für immer mein Volk sein."

Mose überbringt den Israeliten Gottes Angebot des Freundschaftbundes. Alle stimmen zu und versprechen den Bund mit Gott zu halten und die Schutzregeln zu befolgen.
Danach geht Mose auf den Gottesberg und bleibt dort 40 Tage und Nächte.
Bald werden die Israeliten ungeduldig: „Den Gott, der versprochen hat für uns da zu sein, können wir nicht sehen."
Aus ihrem Goldschmuck machen sie ein goldenes Stierbild und stellen es auf einen Altar. Für ihren selbst gemachten Gott feiern sie einen Gottesdienst. Sie opfern ihm, beten ihn an, jubeln und tanzen um ihn herum.
Gott sieht, wie sich die Israeliten von ihm abwenden. Er befiehlt Mose: „Steig hinab! Das Volk Israel betet und opfert einem selbst gemachten Gott. Es bricht den Freundschaftsbund mit mir!"
Mit den beiden Gebotstafeln steigt Mose den Berg hinunter. Als er das Goldene Kalb und die Israeliten sieht, wird er zornig. Er zerschmettert die Gebotstafeln und zerstört das Goldene Kalb.

Gott, ich möchte dich gerne sehen!
Ich möchte dich anfassen! Ich möchte dich hören!
Das wäre schön!

Aber ich kann dich nicht sehen,
nicht anfassen, nicht hören!
Meine Augen, meine Hände und Ohren suchen dich.
Nirgends finden sie dich, du versteckter Gott!

„Ich bin da" – auch wenn ihr mich nicht seht.

Zum Leben befreit

Wieder steigt Mose auf den Gottesberg und bittet Gott den Israeliten zu vergeben, dass sie seinen Willen missachtet haben. Gott hört auf Mose. Als Zeichen, dass er auch weiterhin bei den Israeliten sein will, gibt er ihnen noch einmal alle Gebote auf steinernen Tafeln.

„Ich bin der Herr, dein Gott …“

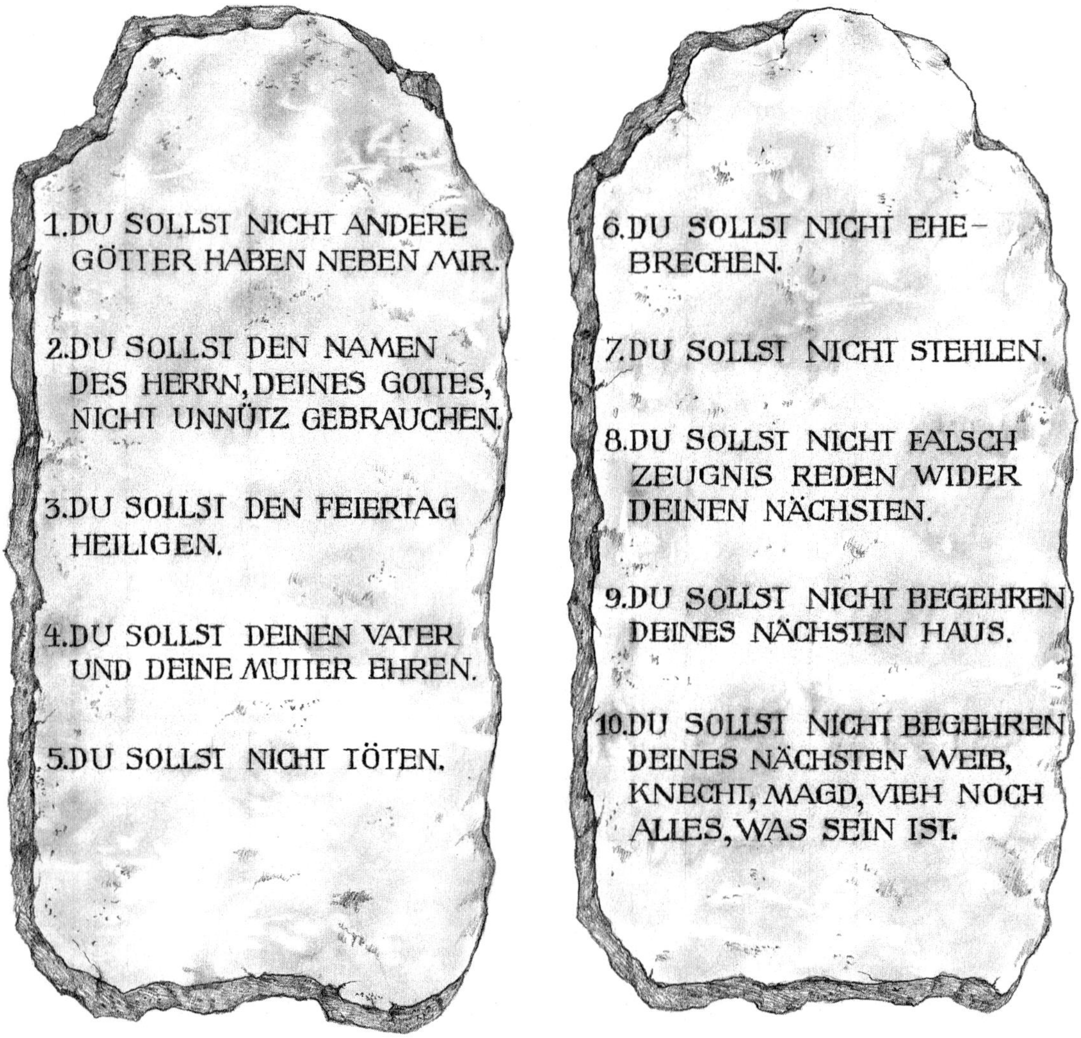

Worte für das Leben in der Freiheit – auch für uns?

Lange Wochen ziehen die Israeliten durch die Wüste. Von Tag zu Tag werden sie schwächer. Die Vorräte sind aufgebraucht.
Das Volk murrt und beklagt sich bei Mose und Aaron: „Ihr habt uns hierher geführt. Sollen wir verhungern? Wären wir doch in Ägypten geblieben! Dort waren wir Sklaven, aber wir hatten Fleisch und Brot so viel wir wollten.“

Lies in deiner Bibel nach, wie Gott für die Israeliten in der Wüste da ist.

Gott, gib uns Wasser in der Wüste, damit wir leben können.
Gott, gib uns Wasser in der Wüste, damit wir leben können.
Führe uns deine Straße in das Land,
wo Wiesen blühen und Felder Früchte tragen
und Menschen Frieden machen,
wo deine Liebe wohnt.

Gott, gib uns Brot in der Wüste,
damit wir Kraft bekommen.
Führe uns . . .

Gott, gib uns Worte in der Wüste,
damit wir hoffen können.
Führe uns . . .

Gott, geh mit uns durch die Wüste,
damit wir Wege finden.
Führe uns . . .

Menschen erleben zu allen Zeiten, wie Gott für sie da ist und für sie sorgt. Immer wieder können sie sich dann an das Versprechen erinnern, das Gott mit seinem Namen gegeben hat:

Ich bin bei euch,
ich werde für euch da sein.

in Unfreiheit leben – Hoffnung schöpfen – um die Freiheit ringen – in die Freiheit aufbrechen – in Freiheit se

die Freiheit aushalten – zum Leben befreit

Ich, der Herr, bin dein Gott.

Ich stehe ganz auf deiner Seite.
Ich halte mich ganz zu dir.
Ich will nicht,
dass du verzagst und dich ängstigst.
Ich will das Beste für dich.
Ich will, dass dein Leben Sinn hat,
dass du mit deinem Leben ans Ziel kommst.
Ich will, dass es dir gut geht.

Such' keinen anderen Gott.
Stell' nichts und niemanden über
oder neben mich.
Denn nichts und niemand
meint es besser mit dir als ich.

Nach dem Tod fragen

Sich gerne haben

„Hallo, Maria!"
Maria sprang aus dem Bus. Großvater stand mit offenen Armen am Straßenrand und strahlte.
Großmutter schnappte nach Luft, so aufgeregt war sie.
„Willkommen auf dem Land!", rief sie Maria zu.
„Kind, wie bist du gewachsen!"
Wie glücklich war Maria, als sie die Großeltern sah! Sie waren ihre allerbesten Freunde. Besonders Großvater. Er konnte beinahe alles. Und Großmutter machte die besten Pfannkuchen der ganzen Welt.
Maria durfte ihre Osterferien hier verbringen. Sie zersprang fast vor Freude auf die kommenden Tage.

Maria konnte es kaum erwarten die Schaukel auszuprobieren, die Großvater als Überraschung für sie gebastelt hatte. Sie schwang sich höher und höher, bis die Bäume und Häuser nur so an ihr vorbeiwirbelten.
Großmutter hatte entschieden, dass Maria gleich neben ihr in Großvaters Bett schlafen sollte. Großvater würde im Zimmer nebenan im Gästebett schlafen. Die Decke war so weich und groß, dass Maria sich darunter mühelos vor Großmutter verstecken konnte.
Großmutter sang ein Gute-Nacht-Lied. Dann betete sie mit Maria. Das tat sie immer. Aber Maria musste immerzu daran denken, was sie morgen mit Großvater alles unternehmen würde.
Am nächsten Morgen war strahlender Sonnenschein. Maria schlüpfte in ihre Kleider und rannte hinaus um Großvater zu suchen. Draußen beim Schafgehege erschraken die scheuen Tiere ebenso vor Maria wie sie vor ihnen. Einige der kleinen Lämmer tranken gerade Milch bei ihrer Mutter. Plötzlich hörte Maria Schritte hinter sich.
Es war Großvater.
„Komm mit. Du kannst mir die Tiere füttern helfen."
„Warum sind die Schafe bloß so dick? Haben die zu viel gefressen?"

„Nein, nein. Die fressen gar nicht so viel. Alles, was sie brauchen, ist hin und wieder eine Hand voll Futterwürfel. Hier, schau mal, das mit den Hörnern ist ein besonderes Schaf. Das ist der Hammel. Er ist größer als die anderen Schafe und er gibt eine Menge Wolle."
Vorsichtig streckte Maria ihre Hand aus um ihn zu streicheln. Oh, wie schmutzig und verfilzt er war!
Die Kühe waren so emsig am Grasen, dass sie Großvater und Maria gar nicht bemerkten.
„Heute Abend kannst du beim Melken helfen."
Im Hühnerhof war große Aufregung! Maria kam mit Körnern und alle Hühner rannten herbei. Großvater folgte mit der Gießkanne und füllte frisches Wasser in den Trinkbehälter. Dann schlüpften sie auf leisen Sohlen ins Hühnerhaus. Tatsächlich! Da lagen zwei Eier in einem Nest und weiter drüben sogar noch eins. Ein Ei war noch richtig warm.
Großvater legte sie behutsam in seinen Hut.
„Gack, gack!"
Die Gänse watschelten verwirrt durcheinander, als Großvater und Maria mit dem Eimer näher kamen.
„Sie sind noch recht jung. Aber bis Weihnachten werden sie groß und fett sein."
„Nun wollen wir sehen, ob wir die Katzenmutter finden", sagte Großvater. „Sie hat drei ganz kleine Kätzchen. Die verstecken sich wohl oben im Heu." Sie kletterten auf den Heuboden, doch sie fanden nichts.
„Nun ja, wir werden warten müssen, bis sie von selbst herauskommen", meinte Großvater.
Nun mussten sie eins von den Schafen hereinholen. Es war krank und würde ein paar Tage im Stall bleiben.
„Vielleicht ist es bloß ein bisschen erkältet", hoffte Maria.
Es war ein ausgefüllter Tag gewesen. Maria war todmüde. Sie hatte so viel Neues gesehen.
„Komm, wir gehen nochmal kurz zu den Schafen hinaus und sehen nach, ob auch alles in Ordnung ist", schlug Großvater vor. Seine Hand war groß und stark. Maria fürchtete sich nicht mehr so sehr vor den Schafen.
„Es war schön heute, Großvater!"

Wir beide

WIR – das kann so viel bedeuten . . .

Sich sorgen

Daheim begann für Maria wieder der gewohnte Alltag. Als sie eines Tages von der Schule heimkam, empfing Mama sie mit einer traurigen Nachricht:
„Großvater ist krank geworden. Er ist im Krankenhaus, hier in der Stadt. Heute Nachmittag wollen wir ihn besuchen gehen."
Maria freute sich darauf ihren Großvater wiederzusehen.
„Wie ist es im Krankenhaus, Mama?"
„Es gibt dort viele Krankenschwestern und Ärzte, die für Großvater sorgen. Er braucht jetzt jemand, der sorgfältig über ihn wacht."
„Warum ist Großvater krank?"
„Er ist alt geworden. Und wenn man alt ist, wird man schneller krank."

Maria dachte an all die Tiere auf dem Bauernhof und an Großvater und Großmutter.
„Komm, Maria, iss jetzt!", ermahnte sie die Mutter.
„Du sitzt da und träumst."

Text und Melodie: Hanns Kübler

Angst haben

Muss Großvater sterben?
Warum muss das sein?
Muss ich sterben?
Tut sterben weh?
Bleibe ich allein?
Ich habe solche Angst!

So viele Fragen –
auch für dich?

Abschied nehmen

Im Krankenhaus war alles weiß. Großvater lag regungslos im Bett. Mühsam wandte er ihr den Kopf zu und lächelte.
„Hallo Maria!“, sagte er leise.
Seine Hand kam unter der Decke hervor und umschloss Marias Hand.
„Wirst du sterben, Großpapa?“
„Vielleicht, aber ich fürchte mich nicht vor dem Tod, Maria.“
„Ich will nicht, dass du stirbst.“
Großvater sah sehr müde aus. Einen Moment lang schloss er die Augen. Dann sah er Maria an. Sie drückte seine Hand. Sie strich seine Bettdecke glatt und sagte: „Leb' wohl, Großvater.“
Nach ein paar Tagen kam aus dem Krankenhaus die Nachricht, Großvater sei gestorben. An diesem Abend spielte Maria mit ihrem Bauernhof. Sie versuchte die Holztiere aufzustellen. Aber immer war es falsch. Es wollte ihr einfach nicht gelingen.
Maria war traurig. Sie kuschelte sich ins Kissen und drückte ihren Teddybären fest an sich.
In dieser Nacht träumte sie von Großvater und davon, was sie mit ihm alles erlebt hatte.

Sich erinnern

Einen Monat später begannen die Sommerferien. Maria durfte sie wieder auf dem Bauernhof verbringen.
Sie freute sich so sehr, Großmutter wiederzusehen. Aber als sie Großvaters großen Lehnstuhl in der Ecke stehen sah, wurde sie ganz traurig. Wie kahl und leer war doch alles ohne Großvater!
„Mama hat gesagt, dass Großvater nicht mehr zurückkommt“, sagte Maria.
„Nein“, antwortete Großmutter und schaute sich um. „Es ist so schrecklich still hier ohne ihn.“

Maria ging zu den Tieren hinaus. Sie hatte sich so darauf gefreut sie alle wiederzusehen.
Aber sie wurde noch trauriger, als sie bei ihnen war.
„Weine nur, Maria", sagte Großmutter, die ihr gefolgt war.
„Ich habe auch geweint, weil Großvater mir so fehlt. Weinen hilft."

Maria denkt an vieles, was sie mit Großvater erlebt hat.

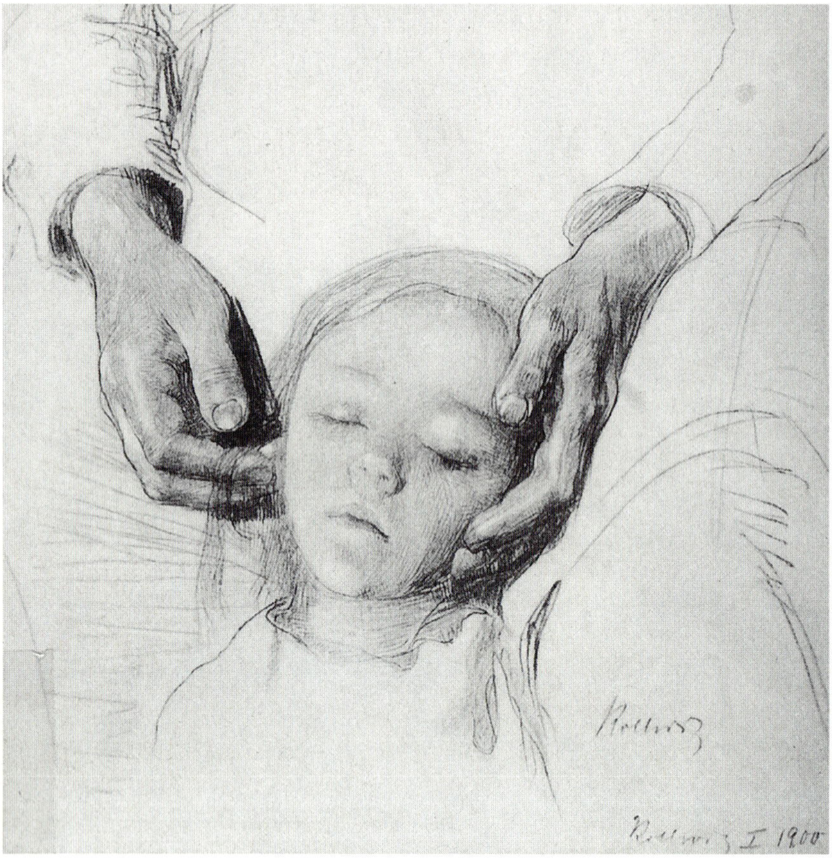

Was nach dem Tod kommt, stellt sich jeder anders vor.

Versuche ein Bild zu deinen Gedanken zu malen.

Wie in einer zärtlichen Hand
sind wir
geborgen bei Gott
für alle Zeit.

Getröstet werden

Großmutter setzte sich neben Maria und erzählte ihr von Großvater, von der Trauerfeier und wie er auf dem Friedhof beerdigt worden war.
„Der Pfarrer erzählte uns allen aus Großvaters Leben, wir sangen seine Lieblingslieder und beteten zusammen.
Es war ein bisschen so, als wäre Großvater mitten unter uns gewesen.“

Ein Wort Jesu tröstete die Großmutter und Maria besonders:

„Ich bin die Auferstehung und das Leben.
Wer an mich glaubt, wird leben, auch wenn er stirbt.“

Zum Grab gehen

Lieber Gott,
Großmutter sagt, dass Großvater bei dir ist,
bitte pass gut auf ihn auf.
Großmutter sagt, du hast ein Haus bereitgemacht,
für alle, die an dich glauben, lieber Gott.

Den Tod annehmen

Maria hatte jetzt eine ganze Menge, worüber sie nachdenken musste. Sie setzte sich in die kleine Wiese, über die sie mit Großvater so oft spaziert war, und versuchte all das zu begreifen, was Großmutter ihr erzählt hatte.
Maria war es auf einmal ganz leicht ums Herz.

Mut zum Leben haben

2. Und sein eigen bin auch ich. Gottes Hände halten mich
gleich dem Sternlein in der Bahn; keins fällt je aus Gottes Plan.
3. Wo ich bin, hält Gott die Wacht, führt und schirmt mich Tag und Nacht;
über Bitten und Verstehn muss sein Wille mir geschehn.
4. Leb ich, Gott, bist du bei mir, sterb ich, bleib ich auch bei dir,
und im Leben und im Tod bin ich dein, du lieber Gott!

Text: Arno Pötzsch
Melodie: Christian Lahusen

Zum Frieden anstiften

Den Frieden ankündigen

„Siehe, ich verkündige euch große Freude, die allem Volk widerfahren wird;
denn euch ist heute der Heiland geboren,
welcher ist Christus, der Herr, in der Stadt Davids.
Ehre sei Gott in der Höhe
und Friede auf Erden bei den Menschen seines Wohlgefallens.“

Der Engel möchte nicht nur den Hirten in dunkler Nacht etwas sagen und zeigen.
Das Lied erzählt davon.

Euch ist ein Kindlein heut gebor’n
von einer Jungfrau auserkor’n,
ein Kindelein so zart und fein,
das soll eu’r Freud und Wonne sein.

Es ist der Herr Christ, unser Gott,
der will euch führ’n aus aller Not,
er will eu’r Heiland selber sein,
von allen Sünden machen rein.

So merket nun das Zeichen recht:
die Krippe, Windelein so schlecht,
da findet ihr das Kind gelegt,
das alle Welt erhält und trägt.

Text und Melodie: Martin Luther

Den Frieden in sich aufnehmen

Des lasst uns alle fröhlich sein
und mit den Hirten gehn hinein,
zu sehn, was Gott uns hat beschert,
mit seinem lieben Sohn verehrt.

Stefan und die Botschaft vom Frieden

Warum Stefan es tut, weiß er meist selbst nicht. Immer wieder sucht er Streit, ärgert seine Mitschüler – manchmal schlägt er auch zu. In seiner Klasse hat er es besonders auf Axel abgesehen.
Am letzten Schultag vor den Weihnachtsferien ist es wieder so weit. Stefan schlägt Axel in der Pause von hinten die Limoflasche aus der Hand. Stefan lacht laut, als die Flasche am Boden zersplittert. Aber wohl fühlt er sich dabei nicht.
Er weiß, dass ihn die anderen Kinder deshalb beim Spielen wieder ausschließen und er abseits stehen wird.

Am Heiligen Abend geht Stefan mit seinen Eltern in die Kirche zum Familiengottesdienst. Er sitzt in der ersten Bankreihe und schaut zu der Krippe hinüber, die unter dem Christbaum steht. Die Pfarrerin liest aus der Weihnachtsgeschichte vor: „Habt keine Angst! Ich bringe euch eine gute Nachricht, über die ihr euch freuen werdet! Heute wurde in Bethlehem euer Retter geboren: Christus. Daran könnt ihr ihn erkennen: Er liegt in Windeln gewickelt in einer Krippe."
Nun gehen alle Kinder gemeinsam zur Krippe – auch Stefan.
Noch nie stand er so nah an der Krippe wie an diesem Heiligen Abend. Stefan gefällt die Krippe mit den Figuren, dem Engel und der Kerze, die in dem Stall steht. Er kniet nieder um alles ganz genau sehen zu können. Stefan muss an die Weihnachtsgeschichte denken. Wie die Hirten damals fühlt er sich oft verachtet, einsam und ausgeschlossen.

Alle Kinder zünden an der Kerze in der Krippe ein Teelicht an und stellen es auf den Fußboden, sodass ein breiter Lichterweg von der Krippe bis zum Ausgang der Kirche führt.
Am Ende des Gottesdienstes verabschiedet die Pfarrerin alle Kinder – auch Stefan. Sie schenkt ihm eine Karte mit einem Engel und sagt: „Friede auf Erden!"

Zu Hause stellt Stefan die Karte auf seinen Schreibtisch.
In den Ferien sieht er immer wieder auf die Karte mit dem Engel. „Friede auf Erden", murmelt er, „Friede, das will ich einmal ausprobieren."
Stefan nimmt sich vor, Kinder nicht mehr zu ärgern. Jeden Tag erinnert er sich an seinen guten Vorsatz und ist am Abend stolz und glücklich, wenn es ihm wieder gelang, ohne Streit auszukommen.

Der Engel auf Stefans Karte – er will ihn auf etwas aufmerksam machen.

Den Frieden weitertragen

Am ersten Schultag nimmt Stefan die Karte mit zur Schule, damit er seinen guten Vorsatz nicht vergisst.
Auf dem Schulweg sieht er Axel. Als Axel Stefan sieht, läuft er weg, denn er hat Angst, dass ihn Stefan wieder verprügelt. Doch Stefan ist schneller. Er packt Axel am Arm. Axel stürzt zu Boden. Stefan kniet sich neben Axel und hilft ihm auf. Er schenkt Axel die Karte mit dem Engel und sagt: „Wollen wir Frieden machen?"

In der Schule gibt es viel zu erzählen.
Niemand bemerkt zunächst, dass Stefan neben Axel sitzt und beide ruhig miteinander sprechen.
Die Lehrerin geht auf Stefan zu, als wollte sie sagen: Ist dein Einzelplatz nicht dort hinten? Sie legt ihm die Hand auf die Schulter und sagt freundlich: „Wollen wir es nochmals versuchen?"
Stefan ist erleichtert. Axel zeigt seiner Lehrerin die Karte mit dem Engel. Dann erzählt Stefan seine Geschichte von Weihnachten. Ganz still ist es im Klassenzimmer geworden. Axel meldet sich und schlägt vor, die Karte im Klassenzimmer aufzuhängen. Die Lehrerin gibt noch einen Text zum Nachdenken dazu:

Lasst euch anstiften zur Liebe,
denn dann findet Frieden statt.
Weil im Stall das Kind, das kleine,
ganz alleine
zu der Liebe
alle angestiftet hat.
Und so findet Frieden statt.

Lasst euch anstiften zum Frieden!
Lasst uns Friedensstifter sein!
Und es finden hier und heute
viele Leute
wieder Frieden,
und kein Mensch ist mehr allein,
denn Gott selbst wird bei uns sein.

Friede kann Kreise ziehen ...

Die Kinder in Stefans und Axels Klasse gestalten mehrere Kalender, in die sie Bilder, Lieder und Geschichten zum Frieden einkleben. Damit Friede weitergetragen wird und Kreise zieht, verschenken sie diese Kalender auch an andere Klassen im Schulhaus.

Die Türklinke

Ein Maler hatte ein „Haus des Friedens“ gemalt. Groß und stabil, fast wie eine Arche. Die Farben freundlich und harmonisch. Eine friedliche Stimmung lag in dem Bild.
Ein kleiner Junge betrachtete das Bild ganz aufmerksam. Plötzlich fragte er: „Vater, auf dem Bild fehlt etwas. Es fehlt die Klinke an der Haustür. Wie soll denn da Friede in das Haus kommen?“
Der Vater, nicht weniger erstaunt, antwortete: „Die Türklinke hat der Maler bestimmt nicht vergessen, er hat sie einfach weggelassen. Der Friede kann nur ins Haus kommen, wenn wir ihm von innen die Tür öffnen und ihn bei uns wohnen lassen.“

Was bewegt Menschen dazu, eine Friedenstür zu öffnen?

Nicht in meinem Haus

Im Sommer gab meine Großmutter eine Zeitungsanzeige auf, dass sie ein Zimmer zu vermieten hätte. Noch am selben Vormittag kam sie: Desta Berhanu, eine Afrikanerin.

„Ich hoffe, das Zimmer ist noch frei?“, fragte sie und sah meine Großmutter hoffnungsvoll an. Hastig antwortete sie: „Es tut mir leid, das Zimmer ist schon vergeben!“ Ich verstand meine Großmutter nicht, denn das Zimmer war noch frei.

Die Hoffnung in Fräulein Berhanus Gesicht erlosch. Traurig senkte sie den Kopf und sagte: „Ich verstehe.“ „Aber nein“, beeilte sich meine Großmutter zu sagen, „es ist nicht wegen Ihrer Hautfarbe. Ich habe nichts gegen Schwarze.“

„Das höre ich heute schon zum fünften Mal. Tue ich jemandem etwas Böses? – Leben Sie wohl.“

„Du hast ja gelogen“, sagte ich zu Großmutter. „Was soll ich machen? Den anderen Mietern würde es nicht gefallen mit einer Schwarzen im Haus zu leben!“ „Stell' dir vor, wir würden in Afrika ein Zimmer suchen!“, rief ich.

An der übernächsten Straßenecke holte ich sie ein. „Fräulein Berhanu“, rief ich, „kommen Sie zurück!“ „Mitleid will ich nicht“, entgegnete sie verärgert. „Meine Großmutter schämt sich, sie will das wieder in Ordnung bringen“, sagte ich. Fräulein Berhanu schwieg einen Augenblick, dann meinte sie versöhnlich: „Wenn das so ist, will ich mit dir umkehren.“

Das war vor zwei Wochen. Inzwischen ist Fräulein Berhanu eingezogen.

Ob aus diesem Haus ein „Haus des Friedens“ wird?

Wie
spielt man Frieden?
Der russische Schriftsteller Marschak
beobachtete einmal sechs-
bis sieben- jährige Kinder
beim Spiel. „Was spielt ihr?“,
fragte er sie. „Wir spielen Krieg“,
antworteten die Kinder. Daraufhin
erklärte ihnen der
Schriftsteller: „Wie
kann man nur Krieg
spielen! Ihr wisst
doch sicher, wie
schlimm Krieg ist.
Ihr solltet lieber
Frieden spielen!“
„Das ist eine gute
Idee“, sagten die Kinder.
Dann Schweigen, Beratung,
Tuscheln, wieder Schweigen.
Da trat ein Kind vor und fragte:
„Großväterchen, wie
spielt man

FRIEDEN?“

Eine schwierige Frage.
Könnt ihr den Kindern
helfen?

Engel

Es müssen nicht Männer mit Flügeln sein, die Engel.
Sie gehen leise, sie müssen nicht schrein,
oft sind sie alt und hässlich und klein, die Engel.

Sie haben kein Schwert, kein weißes Gewand, die Engel.
Vielleicht ist einer, der gibt dir die Hand,
oder er wohnt neben dir, Wand an Wand, der Engel.

Dem Hungernden hat er das Brot gebracht, der Engel.
Dem Kranken hat er das Bett gemacht,
er hört, wenn du ihn rufst, in der Nacht, der Engel.

Er steht im Weg und er sagt: Nein, der Engel,
groß wie ein Pfahl und hart wie ein Stein –
es müssen nicht Männer mit Flügeln sein, die Engel.

Auch du kannst solchen Engeln begegnen.
Auch du kannst für andere ein Engel sein.

Durch Jesus Hoffnung für das Leben gewinnen

Knospen – Zeichen der Hoffnung

Steine, Felsen, hart und dunkel;
Steine, Felsen, kalt und abweisend.
Oft erscheinen sie trostlos,
drücken wie eine schwere Last.

Dunkle Felsen können erschrecken,
können abschrecken.

Dann kommt ein Windhauch.
Er bringt kleine Körnlein mit.
Die setzen sich fest in den dunklen Spalten zwischen den Steinen.
Bald spitzt freches Grün aus den Ritzen.

Erste Knospen sind zu finden.
Neues, Hoffnungsfrohes, deutet sich an.

Bald ist die Öde bedeckt mit bunten Blumen.
Sie mildern das Dunkel der Steine.
Sie machen Mut.
Hoffnung blüht auf.

Bekümmerte hoffen auf Trost

Hilflose hoffen auf Hilfe

Große Pause auf dem Schulhof. Dunkle Wolken bedecken den Himmel. Es sieht aus, als wolle es bald regnen.

Manuel steht allein in einer Ecke des Schulhofes. Um ihn herum toben die Kinder. Manuel ärgert sich. Er ärgert sich über die anderen und über sich.

In der letzten Stunde haben sie getöpfert. „Alle haben etwas Schönes fertig gebracht, nur ich nicht!“, denkt Manuel. „Warum muss mir immer so viel misslingen! Aber meine Freunde hätten mir ja auch helfen können, dann wäre mir vielleicht auch ein schöner Becher gelungen.“

Manuel tritt von einem Fuß auf den anderen. „Einer wie ich hat es eben nicht leicht.“

Manuel kann nicht alles machen wie die anderen. Seine Arme sind von Geburt an kürzer als die der anderen Kinder. Und seine rechte Hand ist nicht voll ausgebildet. Er braucht zu vielen kleinen Verrichtungen Hilfe.

„Sonst helfen mir meine Klassenkameraden doch auch! Aber heute …? Vielleicht mögen sie mich nicht mehr.“

Die in Unfrieden leben, hoffen auf Frieden

Bitten der Kinder

Die Häuser sollen nicht brennen.
Bomber sollt man nicht kennen.
Die Nacht soll für den Schlaf sein.
Leben soll keine Straf' sein.

Die Mütter sollen nicht weinen.
Keiner sollt müssen töten einen.
Alle sollen was bauen.
Da kann man allen trauen.
Die Jungen sollen's erreichen.
Die Alten desgleichen.

Der Frieden

Die Angst vor Streit und Hass und Krieg
lässt viele oft nicht ruhn.
Doch wenn man Frieden haben will,
muss man ihn selber tun.

Der Frieden wächst, wie Rosen blühn,
so bunt, so schön und still.
Er fängt bei uns zu Hause an,
bei jedem, der ihn will.

Vom Frieden reden hilft nicht viel,
auch nicht, dass man marschiert.
Er kommt wie Lachen, Dank und Traum,
schon wenn man ihn probiert.

Man braucht zum Frieden Liebe,
natürlich auch Verstand,
und wo es was zu heilen gibt:
jede Hand.

Jesus erzählt, wie Hoffnung wachsen kann

Rund um den See Genezareth wohnen viele Menschen. Manche leben vom Fischfang oder von der Schafzucht, andere vom Getreide oder vom Obstanbau . Aber nicht allen geht es gut. Wenn die Ernte schlecht ist, müssen viele hungern. Auch die Fischer fangen nicht jeden Tag Fische. Oft sind die Netze leer. Und wenn sie etwas fangen, können sie ihren Fang nicht immer gut verkaufen.
Judit lebt mit ihrem Vater, einem Fischer, am See. Manchmal hilft sie dem Vater, wenn er mit den anderen Fischern am Ufer sitzt und die Netze flickt. Dann hört sie gespannt zu, was die Fischer miteinander bereden.
„Die Römer verlangen immer mehr Steuern von uns", sagt ein bärtiger Alter, „da bleibt uns kaum etwas zum Leben übrig."
„Und unseren Tempel haben sie auch schon entweiht", erregt sich einer.
„Sei leise, dass dich niemand wegen Aufruhrs einsperrt!"
Judit spürt, wie mutlos und traurig die Männer sind.
Gerade flüstert der jüngste unter den Fischern: „Wenn aber nun einer käme, der uns gegen die Römer hilft ...?"
„Denkst du etwa an den Rabbi Jesus?"
„Vielleicht ..."
Da wird Judit ganz aufmerksam. „Den Jesus, den kenne ich", denkt sie, „der ist so ganz anders als die Männer hier am See. Der fängt nicht gleich an zusammen mit ihnen zu jammern. Jesus lässt sich erzählen, was die Leute bedrückt. Er fragt danach, wie es ihnen geht. Ist jemand ganz traurig, tröstet er ihn."
„Aber der redet nicht nur", erschrocken blickt Judit auf. Den letzten Satz hat sie ganz laut gesagt.
„Wie meinst du das?", fragt sie der junge Fischer.

„Er hat doch kranke Menschen wieder gesund gemacht“, antwortet Judit.
Sie springt auf. „Wenn Jesus an den See kommt, dann möchte ich auch dabei sein. Ich will sehen und hören, was er tut und erzählt.“
Einige Tage später hört Judit, dass Jesus kommt. Sie macht sich auf den Weg. Sie will ihn sehen.
Judit begegnet vielen Menschen auf dem Weg zu Jesus. Sie beobachtet, wie alle trotz des beschwerlichen Weges voller Erwartung und Spannung sind. Sie merkt, wie auch sie selbst immer schneller geht um nur ja nichts zu versäumen.
Vor sich entdeckt sie Hanna, eine junge Witwe aus der Nachbarschaft.
„Hanna“, bittet Judit, „darf ich mit dir gehen?“ Unter den vielen fremden Menschen fühlt sie sich doch ein wenig ängstlich.
„Komm nur mit, Judit!“, antwortet Hanna freundlich.

„Was wollen alle diese Leute bei Jesus?“, denkt Judit.
Der Zug hat die Höhe des Berges erreicht. Jesus lässt die Menge sich lagern. Alle verteilen sich so am Berg, dass sie Jesus sehen und hören können. Judit zerrt Hanna hinter sich her ganz in die Nähe von Jesus und seinen Freunden. Sie möchte genau erleben, wie Jesus sich um alle diese Leute kümmert.

Selig sind, die Leid tragen

Judit hört ganz genau zu.
„Selig sind, die Leid tragen, denn sie sollen getröstet werden“, sagt Jesus.
Judit denkt darüber nach. „Leid tragen eigentlich viele Menschen: Einsame, Hungrige, Kranke und solche, die dort leben müssen, wo Krieg ist. Aber trösten, ja trösten ist gar nicht so einfach.“
Verstohlen schaut sie zur Seite. Neben ihr sitzt die Witwe Hanna. Erst letzte Woche ist ihr Mann gestorben. Jetzt ist sie mit den Kindern allein. Ganz spontan nimmt Judit Hannas Hand und streichelt sie. Hanna schaut Judit ins Gesicht und lächelt ein wenig. Judit spürt, wie sie ganz leicht ihre Hand drückt.
„Das tut gut“, sagt Hanna.
Judit wird ganz still. Was ist da mit ihr geschehen?
Als sie Jesus reden hörte, stand ihr der Kummer der Hanna plötzlich vor Augen, als wäre es ihr eigener Schmerz. Sie musste einfach die Hand der Witwe ergreifen.
Ihr Blick schweift von Hanna zu Jesus und wieder zurück.

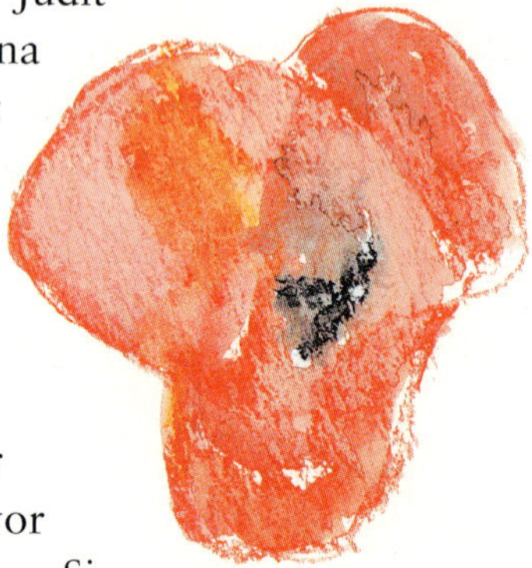

W. Christlein

Selig sind die Barmherzigen

Eine ganze Zeit war Judit mit Hanna beschäftigt. Jetzt schaut sie wieder zu Jesus und seinen Freunden. Gerade sagt er:
„Selig sind die Barmherzigen, denn sie sollen Barmherzigkeit erlangen."
„Sei du mal barmherzig zu den Menschen! Sie werden dir das als Schwäche auslegen und dich ausnützen!" Kopfschüttelnd nimmt ein junger Mann seinen Proviantsack, steht auf und geht.
Judit schaut ihm nach. „Hat der denn noch nie erlebt, dass auch er einmal einen anderen Menschen braucht – einen, der etwas von seiner Not und seinen Problemen spürt – einen, der ihm beisteht?"
Da fällt Judit die Geschichte vom Samariter ein, die Jesus erzählt hat. „Ja, der hat gewusst, was notwendig ist", denkt sie, „der hat nicht lange gefragt. Der hat einfach geholfen, egal, was die Menschen dachten."
Jetzt versteht sie, was Jesus mit Barmherzigkeit meint.

Selig sind die Friedenstifter

Plötzlich bemerkt Judit, wie die Leute rund um sie her aufgeregt miteinander reden. Sie hat gar nicht gehört, worum es eigentlich geht. Sie war ganz in ihren Gedanken versunken, musste nachdenken, was Jesus bisher gesagt hatte.

„Von wegen Frieden!“, hört sie einen Mann mit einem kurzen, gefährlich aussehenden Dolch im Gürtel schreien. Er steht auf, schüttelt die Faust in Richtung Jesus. „Mit Frieden werden wir die Römer nie aus dem Land treiben können. Die kennen nur die Sprache der Waffen!“ Abrupt dreht er sich um und rennt weg.

„Was hat er nur?“, fragt sie Hanna, „was hat Jesus denn gesagt?“ „Ach, das war schon ein aufrüttelnder Satz, den Jesus den Leuten zugerufen hat“, antwortet Hanna.

„Selig sind die Friedenstifter, denn sie werden Gottes Kinder heißen.“

„Frieden, ach ja, wenn Frieden auf der Welt wäre,“ sagt Judit, „das müsste wie im Paradies sein. Kein Krieg, kein Blutvergießen, keine Gewalt, kein Streit, eben Frieden. Ob die Menschen jemals diese Hoffnung verwirklichen können?“
Dann aber wird sie ganz nachdenklich: „Das ist ja gar nicht so einfach mit dem Frieden. Neulich, als ich Streit mit meinem Bruder hatte ...?“

Sie schaut fragend zu Hanna: „Menschen, die liebevoll miteinander umgehen, Gewalt nicht mit Gewalt beantworten, Streit schlichten und Frieden untereinander halten, die nennt Jesus Gottes Kinder?“

Hanna stutzt. Sie schaut auf Jesus und dann zu Judit.
„Ja, ich glaube, Judit, so ist es“, erwidert sie versonnen.
„Aber manchmal ist es wirklich schwer liebevoll und friedlich miteinander umzugehen!“

Lieber Gott, du weißt, dass ich nicht immer liebevoll und friedlich mit den anderen umgehen kann.
Bitte, lieber Gott . . . . . .

Text: Kurt Rommel/Rüdeger Lüders
Melodie: Rüdeger Lüders

2. Gib uns Freiheit jeden Tag! Lass uns nicht allein.
Lass für Frieden uns und Freiheit immer tätig sein.
Denn durch dich, unsern Gott, denn durch dich, unsern Gott,
sind wir frei in jedem Land.
Lass uns nicht allein.

3. Gib uns Freude jeden Tag! Lass uns nicht allein.
Für die kleinsten Freundlichkeiten lass uns dankbar sein.
Denn nur du, unser Gott, denn nur du, unser Gott,
hast uns alle in der Hand.
Lass uns nicht allein.

Hoffnung erfüllt sich – die Speisung der 5000

Es ist Abend geworden. Aber die Leute, die Jesus zugehört haben, wollen noch nicht nach Hause gehen. Judit spürt, wie alle um sie her noch ganz erfüllt sind von dem, was Jesus ihnen gesagt hat. Die Freunde Jesu wollen die Menschen zurück in ihre Dörfer schicken. Denn da, wo sie jetzt sind, gibt es nichts zu essen. Und der Heimweg ist weit. Manche Kinder jammern auch schon. Selbst Judit merkt auf einmal, dass sie hungrig ist.

Da fragt Jesus seine Freunde: „Was habt ihr zu essen dabei?" Erstaunt schauen die Jünger sich an. Dann kramen sie in ihren Taschen. „Fünf Brote und zwei Fische", sagen sie. „Die Leute sollen sich hinsetzen!", sagt Jesus. Er spricht ein Dankgebet.

Am Ende sagt er zu den Freunden: „Geht jetzt und teilt das Essen aus!" Judit schaut zu den Jüngern. Werden die von dem Wenigen, das sie haben, etwas abgeben? Schon verteilen die Jünger Brot und Fisch.

Da geschieht etwas Erstaunliches. Alle werden satt, alle haben etwas zu geben, alle teilen aus. Ja, sie sammeln nach dem Essen sogar noch Körbe voll mit Essensresten zusammen. Niemand, keine Frau, kein Mann, kein Kind bleibt hungrig.

„Hanna", sagt Judit, „siehst du, jetzt hat sich doch wirklich schon ein wenig von unserer Hoffnung erfüllt!"

„Wie meinst du denn das?"

„Na, schau doch! Alle, die hungrig waren, sind satt geworden. Jesus hat für alle gesorgt. Keiner hat nur an sich gedacht. Alle haben sie geteilt."

„Du hast Recht, Judit, die Menschen haben gezeigt, dass sie verstanden haben, was Jesus ihnen sagen wollte."

„Sie sind liebevoll miteinander umgegangen. Wird Jesus sie jetzt Gottes Kinder nennen?"

„Ach Judit, was du dir für Gedanken machst!"

So kann Hoffnung wachsen

Steine, Felsen, hart und dunkel;
Steine, Felsen, kalt und abweisend.

Doch dann verändert sich vieles.
Einer kommt.
Er verheißt Trost.
Er verheißt Hilfe.
Er verheißt Frieden.
Er weckt unsere Hoffnung.

Die Körnlein in den Ritzen,
sie können aufgehen, aufblühen
zu bunten Hoffnungsblumen.

Der Eine, er hilft uns trösten.
Er hilft uns helfen.
Er hilft uns liebevoll miteinander
umzugehen.
Er hilft uns teilen.
Er macht uns satt.

Er hat es verheißen.
Er verändert die Welt.
Er ist unsere Hoffnung.

Mit dem Evangelium leben

In Bewegung sein.
Hände, Beine, Arme, Augen . . .

Ein Wirbel.
Viele durcheinander. Viele miteinander.
Einer fasst den anderen an.

Du wirst hin- und hergerissen.
Du öffnest dich.
Für dich selbst. Für andere.

Du nimmst etwas auf.
Du willst hören. Du willst sehen.
Du willst rufen, schreien.

Einer nimmt. Einer gibt.
Einer gibt. Einer nimmt.

Anstecken. Weitersagen.

Du wirst frei.
Alles anders. Alles neu.

Alle zusammen. Alle eins.
Miteinander. In einem Geist.

Alles wird leichter.
Menschen sind fröhlich, glücklich.
Alle sind begeistert.

Wie frischer Atem ist das, wie brausender Wind.
Wie sprühende Funken. Wie loderndes Feuer.

Geist. Lebendiger Geist.
Guter Geist. Geist von Gott.

Pfingsten.

Lies in deiner Bibel nach, was an Pfingsten in Jerusalem geschah.

Gottes Geist,
guter Geist,
was ist das?

Das ist:

Freundlich sein.
Geduldig sein.
Wahrhaftig sein.
Gütig sein.
Sich freuen können.
Anderen verzeihen. Frieden halten.
Sich selbst beherrschen.
Den Mitmenschen helfen.
Einander lieben.

Kein Platz für Prahlerei.
Kein Platz für Neid.
Kein Platz für Zorn und Hass.

So wie bei Jesu.

Beim Pfingstfest in Jerusalem lassen sich viele Menschen taufen. Sie werden Christen. Sie halten fest zusammen. Sie helfen denen, die in Not sind. Sie freuen sich und sind fröhlich. Und sie geben ab. Sie haben eine gemeinsame Kasse. Wer etwas übrig hat, der legt es hinein.
Sie setzen Helfer ein, die darauf achten, dass keiner zu kurz kommt.
Sie versammeln sich in den Häusern, aber auch unter freiem Himmel. Sie beten gemeinsam. Sie essen das Brot miteinander. Sie trinken den Wein. Sie feiern Gottesdienst.

Sich aufmachen

Immer wieder machen sich Menschen auf den Weg – früher und heute. Sie wollen die Frohe Botschaft weitererzählen und mit dem Evangelium leben.
Dabei nehmen sie oft viel auf sich.

Auch Paulus hat alles dafür getan, das Evangelium von Jesus Christus zu verkündigen. Viel hat er dafür ausgehalten: Er hat gefroren, war hungrig und durstig. Er fühlte sich schwach. Oft war er krank, oft in Todesgefahr. Er war im Gefängnis, wurde ausgepeitscht und gesteinigt. Er war in Seenot und bekam immer wieder Schläge, Schläge von Römern, Schläge von Juden. Paulus starb für seinen Glauben an Jesus Christus.

Ein Mosaik aus vielen kleinen Steinchen – es passt gut zum Leben des Paulus.

Paulus – wer war das?
Paulus war Jude. Er lernte das Gesetz der Juden. Streng hielt er alle Gebote; denn er wollte vollkommen sein vor Gott. Ohne Mitleid verfolgte er die Christen. Er sagte: „Jesus ist am Kreuz gestorben. Wer am Kreuz stirbt ist ein Verbrecher. So einer kann nicht der Messias sein!"
Da geschieht etwas mit Paulus. Urplötzlich. Auf dem Weg nach Damaskus. Ein Licht strahlt auf. Er sieht Jesus Christus. Paulus erkennt: Jesus Christus ist der Herr, er allein. Paulus weiß jetzt: Nicht ich habe Recht, sondern die Christen. Paulus ist danach wie verwandelt: Ein neuer Mensch. Später schreibt er: „Ich habe Jesus gesehen. Aus der Finsternis strahlte das Licht. Es strahlte auf im Angesicht von Jesus Christus. Es strahlte auf in meinem Herzen. So wollte es Gott."
Paulus lässt sich von Hananias taufen. Nun ist er selber Christ. Jetzt weiß er, was er tun muss: Er muss zu denen gehen, die Jesus Christus noch nicht kennen. Er macht sich auf und erzählt von seinem neuen Glauben. Die ersten christlichen Gemeinden entstehen.

Menschen, die sich aufmachen, können viel verändern.

Aufeinander zugehen

Paulus geht viele steinige Wege. Überall versucht er den Menschen die Frohe Botschaft von Jesus Christus nahe zu bringen. Viele hören ihm zu, manche zweifeln, andere lachen ihn aus.
Trotzdem gelingt es ihm immer wieder, neue Gemeinden zu gründen. Dort versuchen Menschen, im guten Geist Gottes miteinander zu leben.
Paulus reist nach der Gründung einer Gemeinde bald wieder weiter. Oft macht er sich Sorgen um diese Menschen. Wird die Gemeinschaft halten? Werden die Gemeindeglieder bereit sein, auch in schwierigen Zeiten steinige Wege miteinander zu gehen?

Miteinander in Verbindung bleiben

Paulus schreibt viele Briefe an seine Gemeinden. Er macht den Menschen Mut, ermahnt sie aber auch, . . .

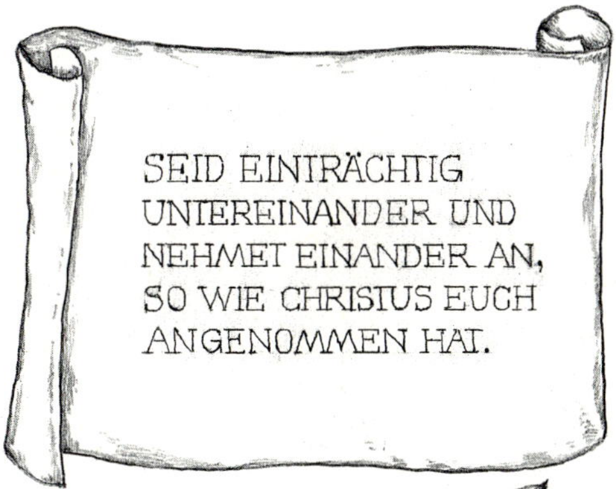

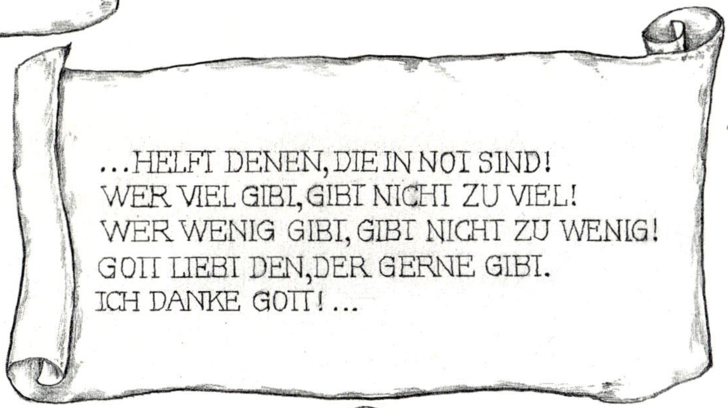

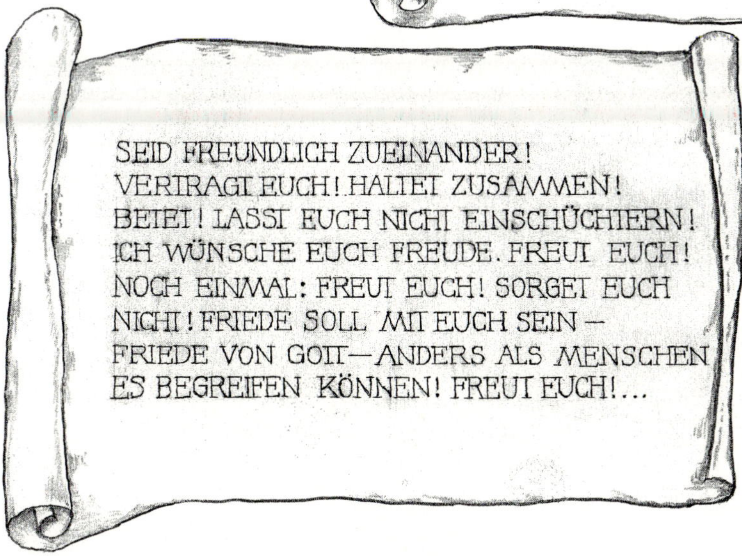

Wo sich Menschen von der Botschaft solcher Briefe ansprechen lassen, kann sich vieles bewegen und verändern.

Zum Glauben finden

Paulus und seine Freunde sind in Philippi, einer Stadt, in der der römische Kaiser als Gott verehrt wird. Am Sabbat gehen sie hinaus vor die Stadt. Dort suchen sie die kleine Gebetsstätte der Juden am Fluss. Es kommen auch Frauen aus der Stadt. Lydia ist dabei, eine reiche griechische Purpurhändlerin. Sie gehört zur Gemeinde der Juden. Als Lydia hört, was Paulus von Jesus Christus erzählt, da weiß sie endlich, was sie sucht. Sie glaubt an die Botschaft von Jesus Christus und lässt sich taufen.
„Ich taufe dich im Namen von Jesus Christus", sagt Paulus. So wird Lydia die erste Christin in Europa.
„Kommt in mein Haus!", sagt sie zu Paulus und seinen Freunden. Dort tauft Paulus später die ganze Familie.

Lies die Geschichte von Lydia in deiner Bibel nach.

Auch heute werden Menschen durch die Taufe Christen. Der Taufstein in der Lorenzkirche in Nürnberg erinnert viele Menschen daran.

Miteinander im Glauben leben

Nimm mich ganz fest an deine Hand,
Herr, und lass uns eine Kette bilden
mit andern, die zu dir gehören
– so wie ich.
Hilf mir, sie zu finden, wo sie auch leben
und wie sie auch aussehen,
denn sicher suchen sie auch mich.
Und wenn ich lange laufen muss,
lass mich nicht müde werden.
Ich brauche sie und weiß,
sie brauchen mich.
Ich bin nur ein Glied unter vielen,
nicht fähig mich allein zu tragen.
Die aber, die ich suche,
sprechen meine Sprache,
selbst wenn sie nur
mit Augen und mit Händen reden.
So wie sie mir begegnen, spüre ich,
dass sie dich lieben – genau wie ich.
Nur wenn wir Glieder eine Kette bilden,
die du allein zusammenhältst,
können sich andere anhängen.
Du machst es möglich,
dass das Band nicht reißt.

Auch du bist ein Glied in dieser Kette.

Ich glaube an Gott,
den Vater, den Allmächtigen,
den Schöpfer des Himmels und der Erde.
Und an Jesus Christus,
seinen eingeborenen Sohn, unsern Herrn,
empfangen durch den Heiligen Geist,
geboren von der Jungfrau Maria,
gelitten unter Pontius Pilatus,
gekreuzigt, gestorben und begraben,
hinabgestiegen in das Reich des Todes,
am dritten Tage auferstanden von den Toten,
aufgefahren in den Himmel;
er sitzt zur Rechten Gottes,
des allmächtigen Vaters;
von dort wird er kommen,
zu richten die Lebenden und die Toten.
Ich glaube an den Heiligen Geist,
die heilige christliche Kirche,
Gemeinschaft der Heiligen,
Vergebung der Sünden,
Auferstehung der Toten
und das ewige Leben. Amen.

Im Glauben Zuversicht finden

Immer wieder geraten Menschen wegen ihres Glaubens in Nöte und in Bedrängnis. Sie werden bedroht, verfolgt, manchmal sogar eingesperrt.
Menschen erleben diese Situationen unterschiedlich:
Manche können hoffen.
Manche sind ängstlich und verzweifelt.
Manche fühlen sich einsam und verlassen.
Manche können vertrauen und fühlen sich geborgen.
Manche . . .

. . . Aber ich bin sicher:
Nichts wird uns von Gott trennen,
nichts von seiner Liebe,
nichts wird uns von Jesus trennen,
nicht das Böse unter den Menschen,
nicht das Böse sonstwo,
nicht das Böse jetzt,
nicht das Böse in Zukunft. Nichts!

So hat Paulus aus dem Gefängnis zu den Menschen gesprochen und ihnen Mut gemacht.

Zu allen Zeiten schöpfen Menschen aus dieser Botschaft Kraft in Nöten und in Bedrängnis.

Gefangen und doch frei.
Das Bild erzählt davon.

Einer von ihnen war Dietrich Bonhoeffer. Er wurde als ein Verräter ins Gefängnis geworfen. Dort schrieb er dieses Lied. Es kann auch heute Menschen Mut machen.

Von guten Mächten wunderbar geborgen erwarten wir getrost, was kommen mag.
Gott ist mit uns am Abend und am Morgen und ganz gewiss an jedem neuen Tag.

Hol doch deinen Bruder an den Tisch!

Neue Mieter waren in unser Haus eingezogen. Sie hatten ein grünes Sofa. Darauf schlief der Sohn. Er war 13, dunkelhaarig, blass und still. Mit anderen Jungen sah man ihn nie. Er saß wohl alleine oben in der Wohnung – seine Eltern waren oft nicht zu Hause. Keiner wusste, wovon sie lebten.

Meinem Vater war die Arbeitsstelle gekündigt worden und wir waren froh, dass Mutter als Putzhilfe zwei Adressen hatte. Eines Nachmittags warteten Vater und ich auf Mutter. Plötzlich hörten wir Stimmen im Treppenhaus. Wir schauten schnell aus dem Fenster. „Unten steht ein Polizeiauto“, sagte ich, während Vater an der Flurtür lauschte. Schritte hinauf und hinunter und Stimmen waren zu hören. „Sie werden geholt“, flüsterte Vater. „Warum, was haben sie getan?“, fragte ich. „Ich weiß es nicht“, antwortete er. – Aber was ging uns das auch an? Wir hatten nichts verbrochen, waren arm, aber ehrlich! Dann endlich kam Mutter heim. Wir setzten uns an den Tisch, aßen und erzählten. Plötzlich sagte meine Mutter: „Ist der Junge auch geholt worden?“ „Nein“, erwiderte Vater, „nur die Eltern, ihre Stimmen waren zu erkennen.“ „Dann ist der Junge jetzt allein. Geh hinauf, sieh nach und bringe ihn mit herunter“, sagte Mutter zu mir. Ich ging die Treppe hoch und schaute durchs Schlüsselloch. Er saß am Tisch – war allein. Allein in der Welt voller Menschen. Ich klopfte an, öffnete die Tür und sah in seine dunklen Augen. „Komm mit hinunter“, sagte ich, „meine Mutter sagt, du kannst mit uns essen.“ Er rührte sich nicht. Rasch lief ich zu den Eltern zurück. „Er kommt nicht“, rief ich, „er sagt nichts und rührt sich nicht!“ „Geh noch einmal, hol deinen Bruder an den Tisch.“ Vaters Worte waren deutlich und bestimmt und ich versuchte es noch einmal. Diesmal stand der Junge auf und ging mit mir. „Setz dich“, sagte Vater zu ihm, „und iss mit uns!“ – Dann saß er bei uns am Tisch und aß seine Suppe und Brot, das Mutter gebacken hatte. Meine Eltern fragten ihn vorsichtig nach seinen Sorgen und er begann zu erzählen. „Es wird bald alles in Ordnung kommen“, beruhigte Vater ihn, „und bis dahin bleibst du bei uns.“ „Lass mich dein Freund sein, ja?“, sagte ich rasch und schaute ihn fragend an. „Ich heiße Tino“, antwortete er.

... „Nehmet einander an, ...“ schrieb Paulus nicht nur an die Menschen damals.

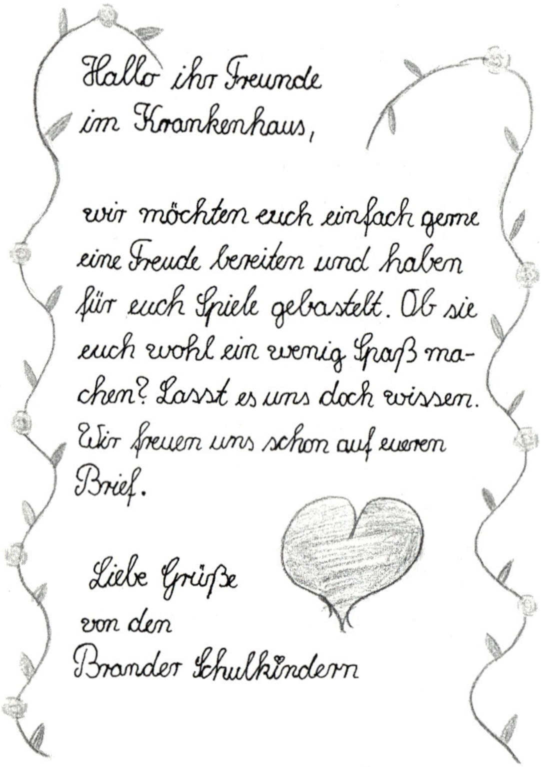

Hallo ihr Freunde
im Krankenhaus,

wir möchten euch einfach gerne eine Freude bereiten und haben für euch Spiele gebastelt. Ob sie euch wohl ein wenig Spaß machen? Lasst es uns doch wissen. Wir freuen uns schon auf euren Brief.

Liebe Grüße
von den
Brander Schulkindern

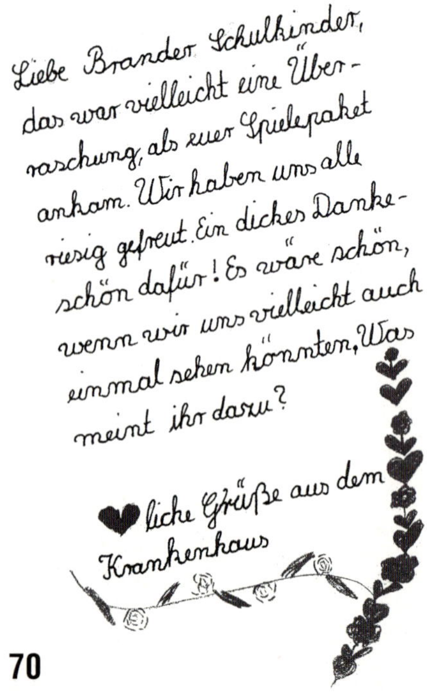

Liebe Brander Schulkinder,
das war vielleicht eine Überraschung, als euer Spielepaket ankam. Wir haben uns alle riesig gefreut. Ein dickes Dankeschön dafür! Es wäre schön, wenn wir uns vielleicht auch einmal sehen könnten. Was meint ihr dazu?

♥liche Grüße aus dem
Krankenhaus

Kinder helfen Altersgenossen

Teil des Taschengeldes ermöglicht bolivianischem Kind die Ausbildung

Eckental (leu) – Seit über einem Jahr haben die Schüler der Grundschule Brand eine Patenschaft ganz besonderer Art übernommen: Sie spenden von ihrem Taschengeld allmonatlich so viel, dass sie damit die Schulausbildung eines 11-jährigen Bolivianers finanzieren können.

Als Patenkind wurde der 11-jährige Joseph Laruta ausgewählt, der 35 Kilometer von der Hauptstadt La Paz entfernt lebt.

Wie die Schüler über die Hilfsorganisation erfuhren, lebt Joseph Laruta in einer fünfköpfigen Familie, bei der der Vater arbeitsunfähig ist und die 12-jährige Schwester die Rolle der Mutter übernommen hat.

Jährlich über 700 Mark

Für das gespendete Geld – jährlich über 700 Mark – wird für das Patenkind der Aufenthalt in der Tagesstätte „Centro San Pablo“ finanziert. Der Betrag von rund 60 Mark im Monat reicht sogar dafür aus das Patenkind Joseph mit dem nötigen Schulbedarf sowie Sport- und Schulkleidung auszustatten.

Viele Kinder – oft auch ganz in eurer Nähe – brauchen Hilfe. Erkundigt euch, wie ihr helfen könnt.

Den Anfang wagen

Ein junger Mann hatte einen Traum.
Er betrat einen Laden. Hinter der
Ladentheke sah er einen Engel stehen.
Hastig fragte er den Engel:
„Was verkaufen Sie, mein Herr?“
Der Engel gab freundlich zur Antwort:
„Alles, was Sie wollen.“
Da fing der junge Mann sofort an
zu bestellen. „Dann hätte ich gern:
das Ende der Kriege in der Welt,
bessere Bedingungen für die
Randgruppen in der Gesellschaft,
Beseitigung der Elendsviertel und ...“
Da fiel ihm der Engel ins Wort
und sagte: „Entschuldigen Sie, junger
Mann, Sie haben mich falsch verstanden.
Wir verkaufen hier keine Früchte,
wir verkaufen nur den Samen.“

Fritz Baltruweit

Unrecht erkennen sollen wir getrost,
denn du, Gott, weist uns den Weg einer Umkehr.

Glauben bekennen wollen wir getrost,
denn du, Gott, weist uns den Weg deiner Hoffnung.

Vertrauen wagen dürfen wir getrost,
denn du, Gott, bist mit uns, dass wir leben.

Mit Gottes Geboten leben

Gemeinschaft – ein Geschenk

MITEINANDER REDEN UND LACHEN SICH GEGENSEITIG GEFÄLLIGKEITEN ERWEISEN ZUSAMMEN SCHÖNE BÜCHER LESEN SICH NECKEN DABEI ABER AUCH EINANDER SICH ACHTUNG ERWEISEN MITUNTER SICH AUCH STREITEN OHNE HASS SO WIE MAN ES WOHL EINMAL MIT SICH SELBST TUT MANCHMAL AUCH IN DEN MEINUNGEN AUSEINANDERGEHEN UND DAMIT DIE EINTRACHT WÜRZEN EINANDER BELEHREN UND VONEINANDER LERNEN DIE ABWESENDEN SCHMERZLICH VERMISSEN DIE ANKOMMENDEN FREUDIG BEGRÜSSEN LAUTER ZEICHEN DER LIEBE UND GEGENLIEBE DIE AUS DEM HERZEN KOMMEN SICH ÄUSSERN IN MIENE WORT UND TAUSEND FREUNDLICHEN GESTEN UND WIE ZÜNDSTOFF DEN GEIST IN GEMEINSAMKEIT ENTFLAMMEN SO DASS AUS DEN VIELEN EINE EINHEIT WIRD

AUGUSTINUS
BEKENNTNISSE

– auch für dich?

Zu diesem Text könnt ihr eine Bildcollage gestalten.

Ich bin für dich da.
Ich will dich
auf all deinen Wegen begleiten.

Sich für das Leben entscheiden

Aufeinander hören – voneinander lernen

Wenn mein Vater mit mir geht,
dann hat alles einen Namen,
Vogel, Falter, Baum und Blume.
Wenn mein Vater mit mir geht,
ist die Erde nicht mehr stumm.
Kommt die Nacht und kommt das Dunkel,
zeigt mein Vater mir die Sterne.
Er weiß, wie die Menschen leben,
weiß, was recht und unrecht ist,
sagt mir, wie ich werden soll.

Sich füreinander Zeit nehmen

Keine Zeit
für liebe Worte.
Keine Zeit
für eine Torte.

Keine Zeit
mal mitzumachen.
Keine Zeit
mal mitzulachen.

Keine Zeit
dabei zu sein,
aber Zeit
mich anzuschrei'n.

Keine Zeit
nach mir zu fragen.
Keine Zeit
mal „komm" zu sagen.

Keine Zeit
für Zärtlichkeit . . .

Keine Zeit mehr
für ein Spiel.
Keine Zeit –
das ist nicht viel.

Das Leben lieben

Du bist eben ein Schwächling!

Das schaffst du doch nie!

Ich mache dich fix und fertig!

– Das Leben lieben –
Diese Bilder sprechen eine andere Sprache.

Sich für das Leben einsetzen

Dazu erzählt Albert Schweitzer, der bekannte Urwalddoktor:
Einen tiefen Eindruck machte mir ein Erlebnis aus meiner Kindheit. Heinrich B. und ich hatten uns Steinschleudern gemacht. An einem Sonntagmorgen sagte er: „Komm, wir gehen in den Rehberg und schießen Vögel!“ Dieser Vorschlag war mir schrecklich, aber ich wagte nicht zu widersprechen. So kamen wir in die Nähe eines kahlen Baumes, auf dem die Vögel, ohne sich vor uns zu fürchten, lieblich in den Morgen hinaussangen. Sich wie ein Indianer duckend legte mein Begleiter einen Kiesel in seine Schleuder und spannte sie. Seinem gebieterischen Blicke gehorchend tat ich unter furchtbaren Gewissensbissen dasselbe, mir fest gelobend daneben zu schießen. In demselben Augenblicke fingen die Kirchenglocken an in den Gesang der Vögel hineinzuläuten. Für mich war es eine Stimme aus dem Himmel. Ich tat die Schleuder weg, scheuchte die Vögel auf, dass sie wegflogen und vor der Schleuder meines Begleiters sicher waren, und floh nach Haus.
Von jenem Tage an habe ich es gewagt mich von der Menschenfurcht zu befreien. Wo meine innerste Überzeugung im Spiele war, gab ich jetzt auf die Meinung anderer weniger als vorher.

Haben – teilen – festhalten

Einander etwas gönnen

Es lebten einst zwei Brüder. Der jüngere war verheiratet und hatte Kinder, der ältere war allein. Die beiden Brüder arbeiteten zusammen, sie pflügten das Feld und streuten zusammen den Samen aus. Zur Zeit der Ernte brachten sie das Getreide ein und teilten die Garben in zwei gleich große Stöße, für jeden einen Stoß. Als es Nacht geworden war, legte sich jeder bei seinen Garben nieder. Der ältere aber konnte keine Ruhe finden und sprach in seinem Herzen: „Mein Bruder hat eine Familie, ich dagegen bin allein und ohne Kinder, und doch habe ich gleich viele Garben genommen wie er. Das ist nicht recht.“ Er stand auf, nahm von seinen Garben und schichtete sie heimlich zu den Garben seines Bruders. In der gleichen Nacht nun, geraume Zeit später, erwachte der Jüngere. Auch er musste an seinen Bruder denken und sprach in seinem Herzen: „Mein Bruder ist allein. Wer wird in seinen alten Tagen für ihn sorgen?“ Und er stand auf, nahm von seinen Garben und trug sie heimlich zum Stoß des Älteren. Als es Tag wurde, erhoben sich die beiden Brüder, und wie war jeder erstaunt, dass ihre Garbenstöße die gleichen waren wie am Abend zuvor. In der zweiten Nacht wartete jeder ein Weilchen, bis er den anderen schlafend wähnte. Dann erhoben sie sich und jeder nahm von seinen Garben um sie zum Stoß des anderen zu tragen. Auf halbem Weg trafen sie aufeinander, und jeder erkannte, wie gut es der andere mit ihm meinte. Da ließen sie ihre Garben fallen und umarmten einander in herzlicher Liebe.

Verantwortlich reden

Eines Tages entschloss sich der Herrscher der Welt, Obatalah, die Herrschaft über die Welt in die Hände eines anderen zu legen. Er dachte an seinen treuen Gehilfen Orula. Doch dieser war noch unerfahren. Darum wollte der Herrscher seine Klugheit auf die Probe stellen. Er befahl, dass dieser ihm die beste Speise bereite, die er bereiten könne. Orula gehorchte und begab sich auf den Markt. Eine Weile schaute er sich um. Schließlich erwarb er eine Rindszunge. Zu Hause kochte er die Zunge und würzte sie. Obatalah kostete die Zunge. Noch nie hatte er so etwas Gutes gegessen. „Sag mir, Orula, warum hast du gerade eine Zunge gewählt?"
„Großer Herrscher", antwortete Orula, „eine Zunge ist eine sehr wichtige Sache. Mit der Zunge kannst du eine gute Arbeit loben und jemand danken, der eine gute Tat vollbracht hat. Mit der Zunge kannst du gute Nachrichten verkünden und die Menschen auf den rechten Weg führen." „Alles, was du sagst, stimmt", sagte Obatalah und dachte sich: Orula ist ja doch ein sehr weiser Mann.
Doch der große Herrscher entschloss sich Orula noch einmal auf die Probe zu stellen. „Jetzt wünsche ich, dass du mir die schlechteste Speise bereitest."
Orula ging abermals auf den Markt und erwarb wieder eine Rindszunge. Als der große Herrscher abermals auf der Schüssel eine Zunge sah, wunderte er sich und sprach: „Zuerst hast du mir eine Zunge als die beste Sache der Welt gebracht, jetzt bringst du sie mir als die schlechteste Sache der Welt. Wie willst du mir das erklären?"
„Großer Herrscher", antwortete Orula, „die Zunge ist eine sehr wichtige Sache. Mit der Zunge kannst du den guten Ruf eines Menschen vernichten. Mit der Zunge kannst du Menschen verraten und sie ins Verderben stoßen."
Als das Obatalah hörte, sagte er zu Orula: „Alles, was du sagst, ist wahr. Obwohl du jung bist, bist du ein sehr weiser Mann." Und er legte die Herrschaft über die Welt in seine Hände.

Mit Worten kannst du viel anrichten und viel ausrichten.

Einander vertrauen können

Auf Gottes Gebote hören – verantwortlich handeln

Erich Kästner schreibt:
Ich bin ein paar Jahre älter als ihr und ihr werdet ein paar Jahre länger leben als ich. Das hat nicht viel auf sich. Aber glaubt mir trotzdem: wenn Unrecht geschieht, wenn Not herrscht, wenn Dummheit waltet, wenn Hass gesät wird, wenn Muckertum sich breit macht, wenn Hilfe verweigert wird, – stets ist jeder Einzelne zur Abhilfe mit aufgerufen, nicht nur die jeweils ‚zuständige' Stelle.
Jeder ist mitverantwortlich für das, was geschieht, und für das, was unterbleibt. Und jeder von uns und euch – auch und gerade von euch – muss es spüren, wann die Mitverantwortung neben ihn tritt und schweigend wartet. Wartet, dass er handle, helfe, spreche, sich weigere oder empöre, je nachdem. Fühlt er es nicht, so muss er's fühlen lernen. Beim Einzelnen liegt die große Entscheidung.

Ich hoffe darauf,
dass Menschen
auf Gott vertrauen
und seine Weisungen hören,
dabei einander
immer näher kommen
und so gemeinsam
dem Leben Raum geben.

Jch habe es gut!
Gott hilft mir
meinen Weg zu finden.
Er steht mir zur Seite,
darum bin ich ruhig
in aller Unsicherheit.

Christen in aller Welt kennen lernen

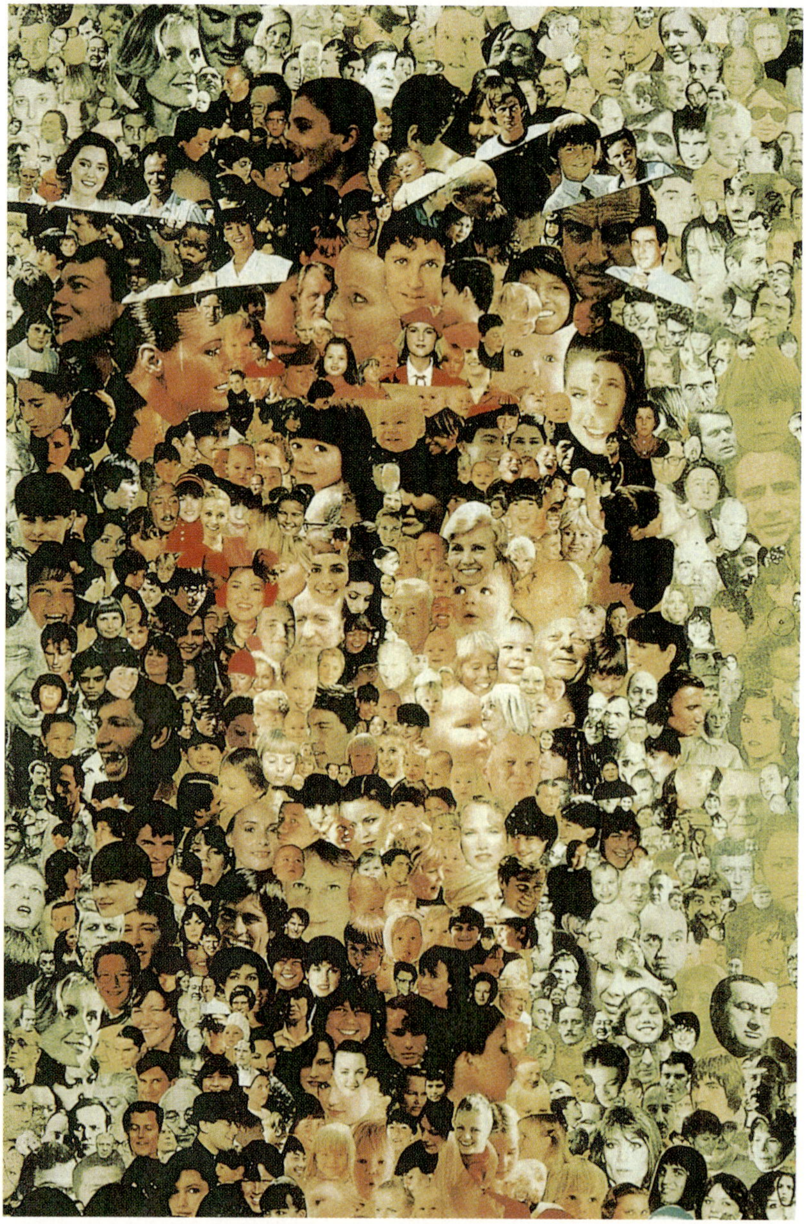

Sich gegenseitig kennen lernen

Katja L. Klingenberg, im Mai

Hallo,

ich heiße Katja und bin zehn Jahre alt. Ich wohne in Klingenberg, nahe an einem großen Fluss und gehe dort in die vierte Klasse der Grundschule. Meine Lieblingsfächer sind Deutsch und Heimatkunde. Nach der Schule lese ich sehr gern oder gehe mit meiner Freundin auf den Spielplatz. Wenn es warm genug ist, treffen wir uns im Schwimmbad. Leider ist das nicht sehr oft im Jahr. Was passiert bei dir denn so? Ich würde mich riesig freuen, wenn du mir schreibst!

Viele Grüße
Katja

Rehemas Brief hat Pfarrer Weitnauer, der in Morogoro als Missionar lebt, für Katja übersetzt. Er hat auch den Briefkontakt vermittelt.

Rehema Mwafute
P. O. Box 376
Morogoro
Tansania

Morogoro, im Juni

Mpendwa Katja,

asante sana kwa barua yako[1)]. Ich heiße Rehema, bin auch zehn Jahre alt und wohne in Morogoro in Tansania. Dort gehe ich in die Grundschule. Am liebsten sind mir die Schulstunden, in denen unser Lehrer von den Bräuchen, den Tieren und den Pflanzen unseres Landes erzählt. Auch der Englischunterricht und das Singen machen mir sehr viel Spaß. Mein Schulweg ist sehr lang, fast eine Stunde Fußweg, denn ich wohne mit meinen Eltern und den fünf Geschwistern in einem Haus in der Nähe unserer Felder. Vielleicht kannst du mir einmal schreiben, was du den Tag über alles machst. Ich freue mich schon sehr darauf und grüße dich mit den bei uns üblichen Worten.

Mungu akubariki[2)]
deine Rehema

1) Liebe Katja, vielen Dank für deinen Brief.
2) Gott segne dich.

Voneinander erfahren

Mpendwa Katja, Morogoro, im August

ihr müsst ja eine tolle Schule haben. Unsere Schule sieht da etwas anders aus.

Jeden Morgen um sieben Uhr beginnt der Unterricht mit dem Fegen des ganzen Schulhofs. Während der Pflanzzeit gehen wir dann mit unserem Lehrer aufs Schulfeld und legen Mais und Bohnen aus. Meine Klasse hat auch Bananen- und Zitronenbäume gepflanzt. Jedes Schulkind hat eine Hacke und eine Büchse dabei. Wenn nämlich der Regen ausbleibt, müssen wir zum nahen Bach und Wasser holen zum Gießen, damit die Pflanzen nicht vertrocknen. Unsere Ernte verkaufen wir teilweise auf dem Markt in Morogoro. Von dem Geld kauft unser Lehrer dann Schulhefte, Schulbücher und Kreide.

In meiner Klasse sind 58 Mädchen und Jungen. Zwei Stunden haben wir jede Woche Religion. Dann kommt der Evangelist unserer Gemeinde in die Schule. Er erzählt uns Geschichten aus der Bibel und singt mit uns Lieder aus dem Gesangbuch. Ich habe dir mein Lieblingslied aufgeschrieben:

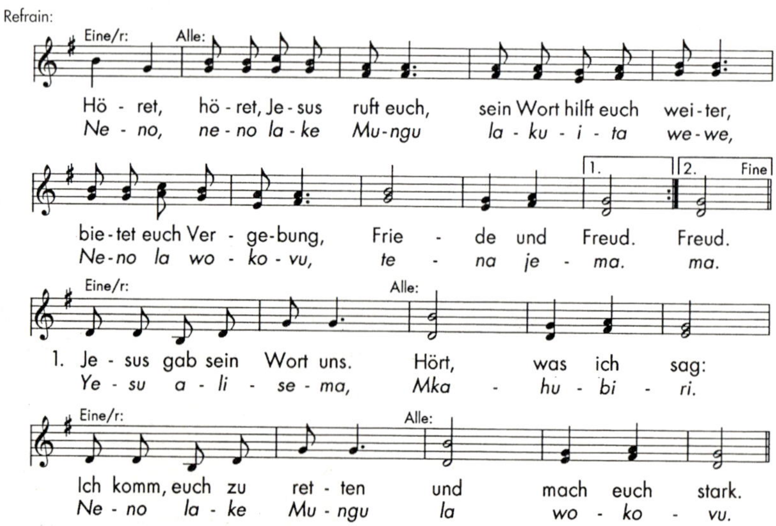

Mungu akubariki
deine Rehema

Mpendwa Katja, Morogoro, im September

heute möchte ich dir von meiner Freundin erzählen. Sie wohnt etwa eine halbe Stunde Fußmarsch von uns entfernt. An manchen Nachmittagen habe ich auch Zeit, um sie zu besuchen. Dies sind Tage, auf die wir uns immer besonders freuen. Leider sind sie sehr selten, denn meistens müssen wir unseren Müttern im Haushalt helfen.
Da haben es unsere Jungen schon besser. Sie brauchen zu Hause längst nicht so viel arbeiten wie wir. Mein Bruder bastelt sich aus Pflanzenstengeln oder manchmal auch aus Blechdosen und Draht ganz tolle Autos.
Aber ich will dir ja vom Besuch bei meiner Freundin Malele erzählen. Mit ihr und anderen Mädchen spiele ich ‚Nage'. Dazu basteln wir uns aus Papier, Stoffresten und Schnüren einen Ball. Im Spielfeld liegen fünf Blechdosen. Die Mannschaft im Spielfeld versucht aus den Blechdosen einen Turm zu bauen. Die Mannschaft außerhalb des Feldes versucht ein Mädchen im Feld abzuwerfen. Gelingt das, wird der halbfertige Turm wieder umgeworfen und die Mannschaften wechseln.
Manchmal kommt aber auch Maleles Mutter und schickt sie zum Fluss um Wasser zu holen. Unten am Fluss gibt es kleine, glatte Steine mit denen wir dann ‚Nyakua' spielen. Fünf Steine liegen in einer Reihe. Du nimmst den ersten auf und wirfst ihn in die Luft. Während der erste Stein fliegt, hebst du den zweiten auf und fängst dann den ersten. Dann wirfst du den zweiten Stein hoch, legst den ersten ab und nimmst den dritten auf. Das geht so weiter bis alle fünf Steine geworfen wurden. Sieger ist der, der die meisten Steine ohne einen Fehler zu machen aufgenommen, geworfen, gefangen und weggelegt hat. Versuch es mal, es ist gar nicht so leicht!
Welche Spiele kennst du? Schreibe mir davon, damit wir sie ausprobieren können.

Mungu akubariki
deine Rehema

Liebe weitertragen

Mpendwa Katja, Morogoro, im November

ich freue mich, dass du mein Lieblingslied schon singen kannst. Kürzlich sang ich es bei einer besonderen Gelegenheit. Einmal im Monat, nach dem Kindergottesdienst, besuchen wir Leute in unserem Dorf, die Hilfe benötigen. Dafür bringen wir von zu Hause Mais, Feuerholz, Bohnen oder auch Seife mit.
An einem solchen Sonntag sagte unser Evangelist zu mir und drei anderen Kindern: „Ihr geht zum alten Songwe, der seine Hütte am Ende des Dorfes hat. Er hat keine Familie mehr und kann schlecht sehen und laufen. Bringt ihm ein Bündel Feuerholz und ein Säckchen Bohnen!“ Songwe ist ein mürrischer alter Mann, der meist vor seiner Hütte sitzt und einen dicken Stock neben sich liegen hat. Wir Kinder haben deshalb immer Angst vor ihm.

Die Geschenke auf unseren Köpfen wurden auf dem Weg immer schwerer. Als wir endlich ankamen, stellten wir uns vor seiner Hütte auf und sangen das Lied. Da ging langsam die Tür auf und Songwe humpelte heraus. Er sagte kein Wort und setzte sich auf seinen kleinen Hocker. Wir legten ihm unsere Gaben vor die Hütte. Plötzlich lachte der alte Mann und sagte: „Ihr seid gute Kinder, denn ihr denkt an einen alten Mann wie mich.“ Wir schauten uns an, verabschiedeten uns höflich und liefen erleichtert und froh nach Hause.

Mungu akubariki
deine Rehema

Von früher hören

Mpendwa Katja, Morogoro, im Dezember

du möchtest wissen, wie die ‚Frohe Botschaft' zu uns gekommen ist. In unserem Schulbuch steht, dass fast alle Missionare über Sansibar in unser Land gekommen sind. Dort bekamen sie vom Sultan die Einreiseerlaubnis. Auch der erste evangelische Missionar, Johann Krapf, reiste im Jahr 1844 über Sansibar ein. Krapf wurde von der ‚Kirchlichen Missionsgesellschaft' in Deutschland unterstützt. Er drang ins Landesinnere vor und lernte dabei Kisuaheli, bis er das Neue Testament in diese Sprache übersetzen konnte.
Im Religionsunterricht erzählte uns der Evangelist diese Geschichte von Johann Krapf:
Eines Tages predigte der Missionar in einem Dorf. Die Leute jedoch schwätzten, lachten und hörten ihm nicht zu. Nur ganz am Rande der Versammlung saß ein verwachsener Mann, der kaum selbst gehen konnte und nur in Lumpen gehüllt war. Die Menschen gaben ihm Almosen, damit er leben konnte, aber sonst kümmerten sie sich nicht um ihn. Dieser Mann, er hieß Mringe, hörte Krapf genau zu und er verstand dessen Worte. Der Missionar blieb ein paar Wochen in diesem Dorf. Er besuchte den Mann in seiner armseligen Hütte, unterrichtete ihn im Wort Gottes, im Lesen und Schreiben und pflegte ihn. Die anderen Leute des Dorfes wunderten sich, denn trotz seines Elends wurde Mringe fröhlich und voller Hoffnung. Er verriet ihnen sein Geheimnis und erzählte von Jesus Christus, der den Menschen Freude und Hoffnung bringt. Die Leute glaubten ihm eher als dem weißen Missionar und kamen von da an oft zu ihm um Geschichten von Jesus zu hören.
Kennst du auch Geschichten von eurem Missionar? Schreib' sie mir doch mal.

Mungu akubariki
deine Rehema

Was heute geschieht – wichtige Erfahrungen in Afrika

Pfarrer Weitnauer ist von Morogoro in seine Heimat zurückgekehrt. Katja besucht ihn. Zuerst zeigt er ihr eine Bildergeschichte:

„In dieser Geschichte steckt für mich die wichtigste Erfahrung, die ich in Afrika gemacht habe", sagt er.

Dann beginnt Pfarrer Weitnauer zu erzählen:

„Eigentlich war es schon ein Jugendtraum von mir in die Mission zu gehen. Ich hatte viel von Albert Schweitzer gelesen und war sehr beeindruckt, wie er mit über dreißig Jahren noch einmal ganz neu anfing. Er folgte dem Ruf Gottes und wurde Arzt in Afrika. Später traf ich dann einen Pfarrer, der Missionar in Brasilien war. Durch ihn fühlte ich mich vom Missionsauftrag Jesu angesprochen:

Mir ist gegeben alle Macht im Himmel und auf Erden.
Darum gehet hin und machet zu Jüngern alle Völker.
Taufet sie auf den Namen
des Vaters und des Sohnes und des heiligen Geistes
und lehret sie halten alles, was ich euch befohlen habe.
Und siehe, ich bin bei euch alle Tage bis an der Welt Ende.

Als ich schließlich eine Frau gefunden hatte, die bereit war mitzugehen, war es so weit. In Morogoro mussten wir uns zunächst an das heiße Wetter gewöhnen, aber auch der Schmutz und neue Krankheiten wie Malaria bereiteten uns Sorgen. Vieles war sehr mühsam, z. B. einkaufen, telefonieren, tanken und reisen.

Aber wir lebten immer wie im Sommer, brauchten nie zu heizen und konnten fast rund ums Jahr Bananen aus dem Garten essen. Ich gab Religionsunterricht an Schulen. Die Kinder liebten die biblischen Geschichten und spielten sie mit Begeisterung nach. Am liebsten hatten sie das Singen. Wenn der Lehrer mal zu spät kam, sangen sie alleine, bis er endlich eintraf.

Ich hielt auch Gottesdienste an der landwirtschaftlichen Universität. Die Gottesdienstbesucher kamen aus den verschiedensten Kirchen und waren nicht alle evangelisch.

Manche Erinnerungen sind für mich sehr wichtig geblieben. So komme ich bis heute nicht darüber hinweg, dass ich fast hundertmal soviel verdiente wie meine afrikanischen Kollegen. Sie brachten ihre Familien nur durch, wenn sie sich durch Gartenbau, Ackerbau und Hühnerzucht zusätzlich etwas verdienten. Auch wie sie mit ihren klapprigen Bussen, ständig defekten Motorrädern und uralten Fahrrädern stunden- und tagelang unterwegs waren, das werde ich nie vergessen.

Im Vergleich zu ihnen waren wir sehr reich. Trotz allem aber lebten sie freundlich und hilfsbereit mit uns zusammen. Das beeindruckt mich bis heute.

Ich bin auch Pate von Ikunda Terry. Wir sind mit seiner Familie befreundet. Sie leben am Kilimandscharo. Auf dem Bild seht ihr meine Frau mit unserem Jüngsten auf dem Arm und mich, daneben unsere Älteste. Der Großvater von Ikunda überreicht mir als Geschenk einen Plastikeimer voll grüner Kaffeebohnen, in die er als Schmuck einige Kaffeeblüten gesteckt hat. Neben ihm steht seine Frau, die Oma von Ikunda. Als wir sie dort am Kilimandscharo besuchten, nahmen sie uns ganz, ganz herzlich auf, bewirteten uns, zeigten uns alles und beschenkten uns.
Neulich schrieb mir Ikunda einen Brief in englischer Sprache. Er ist jetzt bald zwölf Jahre alt. Vielleicht besuche ich ihn eines Tages wieder oder lade ihn zu uns nach Deutschland ein.

Wohnt in eurer Nähe ein Missionar? Fragt in eurer Gemeinde oder dem Dekanat nach.
Vielleicht könnt ihr ihn einladen.

Miteinander teilen

Butter, Honig, Marmelade,
Gummibärchen, Schokolade,
Cornflakes, Milch und süßer Reis,
Marzipan und Himbeereis.
Ja, ich leb im Überfluss,
wenn der andre hungern muss.

Äpfel, Pflaumen und Tomaten,
Kotelett, Schnitzel, Rinderbraten,
Sahne, Zucker zum Kaffee
und Zitrone in den Tee.
Ja, ich leb im Überfluss,
wenn der andre hungern muss.

Fleisch, Pommes frites und Jägersoße,
Reis mit Huhn, Fleisch aus der Dose,
Nudeln, Ketschup, Apfelbrei,
frisches Brot zum Frühstücksei.
Ja, ich leb im Überfluss,
wenn der andre hungern muss.

Alle können besser leben,
wenn wir teilen, wenn wir geben,
dass ein jeder etwas hat,
denn dann werden alle satt.
Und es wird mein Überfluss
überflüssig dann zum Schluss.

Viele unserer täglich gebrauchten Lebensmittel stammen aus der „Dritten Welt“, z. B. Kaffee, Tee, Kakao, Reis, Gewürze und viele Früchte. Für uns sind diese Produkte billig, für die Erzeuger und die Umwelt kommen sie jedoch teuer zu stehen: z. B. laugen Monokulturen die Böden aus und machen die Pflanzen anfällig für Krankheiten. Die Folge ist ein erhöhter Einsatz von giftigen Schädlings- und Unkrautbekämpfungsmitteln. Eine Verbesserung kann durch den Handel mit Kleinbauernvereinigungen erreicht werden, denn Kleinbauern sind auf dem Weltmarkt benachteiligt. Für Kaffee z. B. erhielten sie in den letzten Jahren nur einen Preis, der nicht einmal die Kosten für Anbau und Pflege der Kaffeesträucher deckte. Viele Bauern geben deshalb die Landwirtschaft auf und wandern ab in die großen Städte, wo sie nicht selten in den Slums, den Elendsvierteln, enden.

Jedes Produkt, das in einem „Weltladen“ gekauft wird, unterstützt die Verbesserung der Lebensbedingungen dieser Menschen und fördert einen naturnahen Anbau in diesen Ländern. Auch der Großvater von Ikunda Terry kann sich durch einen fairen Preis für seinen Kaffee mehr leisten.

Gibt es in deiner Umgebung auch einen Weltladen?
Besuche den Laden und schaue dich um.

EINLADUNG ZUM MISSIONSFEST

Wir wollen gemeinsam

– etwas über ein afrikanisches Land und seine Bewohner erfahren

– Spielsachen und Instrumente bauen

– Dias ansehen

– ein Haus bauen

– spielen

– die Arbeit einer Afrikanerin kennen lernen

– Lieder singen

– einzelne Teile aus einem afrikanischen Gottesdienst kennen lernen

– kochen und essen

Was ihr mitbringen müsst:
Zeit, Neugier, Hunger und viel gute Laune

Wir freuen uns, wenn ihr kommt

Klasse 4

Einige Anregungen für euer Missionsfest

So könnt ihr euren Gästen den afrikanischen Alltag näher bringen:

- Eine afrikanische Frau hat vielfältige Aufgaben. Stellt ihren Tagesablauf dar.
- Kocht einfache, aber typische tansanische Gerichte. Das gemeinsame Essen ist ein wichtiger Teil eines afrikanischen Festes.
- Bastelt Musikinstrumente (z. B. Trommeln, Rasseln) und einfache Spielzeuge (z. B. Fußbälle, Autos), die eure Gäste auch mit nach Hause nehmen können.

Umoja ni nguvu

Einigkeit macht stark

Damit könnt ihr zum Nachdenken anregen:

- Sucht Geschichten, Lieder, Gebete und Sprichwörter aus Tansania.
- Auch Spiele, Pantomime, Gegenstände und Bilder regen zum Nachdenken an.
- Tragt vor dem Essen das Vaterunser im Wechsel auf Deutsch und Kisuaheli vor.

So könnt ihr Partner werden:

- Hat eure Gemeinde oder euer Dekanat eine Partnerschaft mit einer Gemeinde oder einem Dekanat in Übersee? Erkundigt euch.
- Vielleicht könnt ihr eine Partnerschaft mit einer dortigen Schule eingehen und sie unterstützen.

**Macht es wie in Afrika –
singt am Ende des Festes gemeinsam ein Lied:**

2. E: Amemtuma Mwana wake,
A: Amemtuma Mwana wake,
E: Jesu Kristo,
A: Ili atuokoe,
Ili atuokoe.

3. E: Watawala na raia,
A: Watawala na raia,
E: Na waje,
A: Wamshukuru Mwokozi,
Wamshukuru Mwokozi.

2. E: Er hat seinen Sohn gesendet,
A: er hat seinen Sohn gesendet,
E: Jesus Christ,
A: und Leben uns gespendet,
und Leben uns gespendet.

3. E: Alle Menschen, große, kleine,
A: alle Menschen, große, kleine
E: soll'n kommen,
A: und danken ihm alleine,
und danken ihm alleine.

Wege auseinander – Wege zueinander

Martin Luther (1483–1546)

Auf dem Marktplatz von Eisenach singt eine Gruppe von Chorschülern. Frau Elsbeth kommt vorbei. Ihr fällt ein Schüler auf, weil er gar so andächtig singt.

Frau Elsbeth: Du singst so schön. Woher kommst du denn?

Martin: Ich bin Martin Luther, komme aus Eisleben. Meine Familie wohnt jetzt in Mansfeld. Mein Vater arbeitet im Kupferbergbau. Nun muss ich wie die anderen hier als „Chorsänger“ mit zu meinem Lebensunterhalt beitragen.

Frau Elsbeth: Du gehst wohl hier in Eisenach in die Schule?

Martin: O ja. Und da geht es hart zu.

Angst vor dem Tod

Zur Zeit Martin Luthers lebten viele Menschen in ständiger Angst vor dem Tod.
Damals wurden die Menschen nicht so alt wie heute. Schon als Kinder starben viele an unerklärlichen Krankheiten, bei denen kein Arzt helfen konnte. Aber auch für die Erwachsenen war der Tod durch Krankheiten allgegenwärtig. Hunderttausende verloren in jener Zeit durch verheerende Krankheiten wie Pest, Cholera oder andere Seuchen ihr Leben. Dazu kamen die vielen Kriege, die überall geführt wurden. Noch viel größer aber war die Angst vor dem, was nach dem Tode auf die Menschen zukommen sollte.

Jeder glaubte, dass er nach dem Tod vor Gott als strengen Richter treten müsse. Wer auf Erden Gutes getan hatte, durfte zu Gott in den Himmel, wer aber Böses getan hatte, musste in die Hölle.

Martin Luther erzählt einmal: „Ich wurde von Kindheit an so gewöhnt, dass ich erblassen und erschrecken musste, wenn ich den Namen Christus auch nur nennen hörte; denn ich war nicht anders unterrichtet, als dass ich ihn für einen gestrengen und zornigen Richter hielt."

Weil im Gottesdienst die Bibel nur in lateinischer Sprache vorgelesen wurde, konnten nur wenige Menschen verstehen, was dort über Gott geschrieben steht. Deshalb betrachteten sie die Bilder in den Kirchen besonders aufmerksam.

Schaut euch das Bild auf der folgenden Seite genau an. Ihr könnt euch dann sicher vorstellen, wie es den Menschen damals erging, wenn sie solche Bilder im Gottesdienst betrachteten.

Klosteranlage in Erfurt heute

Ein folgenschwerer Entschluss

Eines Morgens steht Martin vor der Tür des Schwarzen Klosters in Erfurt und klopft an. Die Tür wird geöffnet. Vor ihm steht ein Mönch und sieht ihn fragend an. „Ich will Mönch werden“, sagt Martin. Das ist ein sehr wichtiger Schritt für einen jungen Menschen. Darum fragt ihn der Mönch an der Pforte dreimal: „Willst du wirklich ins Kloster gehen?“

Er will wissen, ob sich Martin auch sicher über seinen Wunsch ist. Martin erzählt ihm, warum er sich dazu entschlossen hat: „Vor einiger Zeit war ich zu Fuß auf dem Heimweg von Mansfeld nach Erfurt. Der Weg ist lang und beim Laufen kam ich wieder mal ins Nachdenken. Ein Gedanke ließ mich nicht mehr los: Jeden Tag kann ich sterben, und was dann?

Während ich meines Weges ging, war ein Gewitter aufgezogen. Noch ehe ich Unterschlupf suchen konnte, schlug ein Blitz nicht weit von mir ein. Ganz allein in diesem Unwetter rief ich erschrocken: ‚Hilf, du heilige Anna, ich will ein Mönch werden!‘

Meine Freunde rieten mir von diesem Entschluss ab, auch ich selber musste lange überlegen. Ich weiß, mein Vater wird darüber zornig und enttäuscht sein; denn er hat große Hoffnungen in mich gesetzt. Sogar eine Frau hat er schon für mich ausgesucht. Aber ich bin dazu entschlossen. Ich kann keine Ruhe finden aus lauter Angst vor dem Tod. Deswegen will ich jetzt ins Kloster gehen.“

Daraufhin lässt ihn der Mönch ein. Hinter ihm schließt sich die Tür.

Martin hätte gern mit seinem Vater über diesen folgenschweren Entschluss gesprochen. Spielt dieses Gespräch.

Leben im Kloster

Martin erzählt von seinem Leben im Kloster:
„Wir wohnen in ganz kleinen Zellen, die weder abgeschlossen noch beheizt werden können. Nachts schlafen wir auf Strohsäcken. Mittags und abends treffen wir uns zu einer einfachen Mahlzeit. In den Fastenzeiten, die fast die Hälfte des Jahres ausfüllen, fällt das Abendessen aus.
Die meiste Zeit des Tages verbringen wir im Gebet. Wenn wir nicht in der Kirche sind, gibt es für uns viel zu tun. Einige versorgen den Klosterhaushalt, manche gehen mit dem Bettelsack durch die Stadt und wieder andere arbeiten an der Universität als Lehrer. Unser Tagesablauf ist sehr streng geregelt. Freie Zeit gibt es kaum.

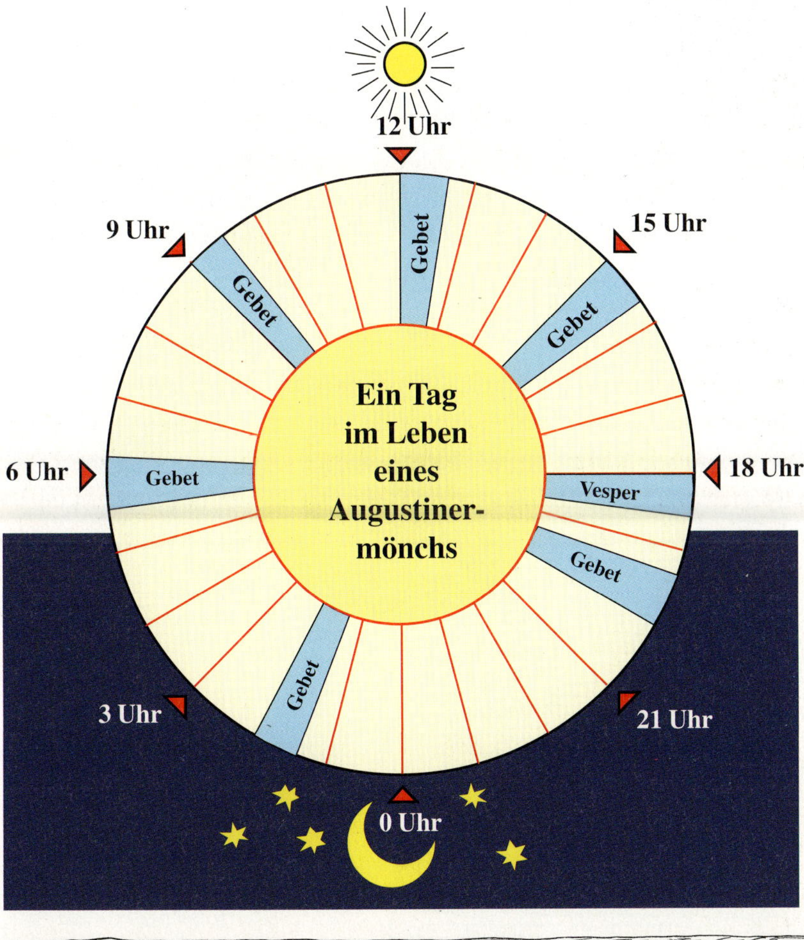

Martin hält alle Klosterregeln. Er tut sogar mehr als nötig. Ob es ihm in seiner Angst hilft?

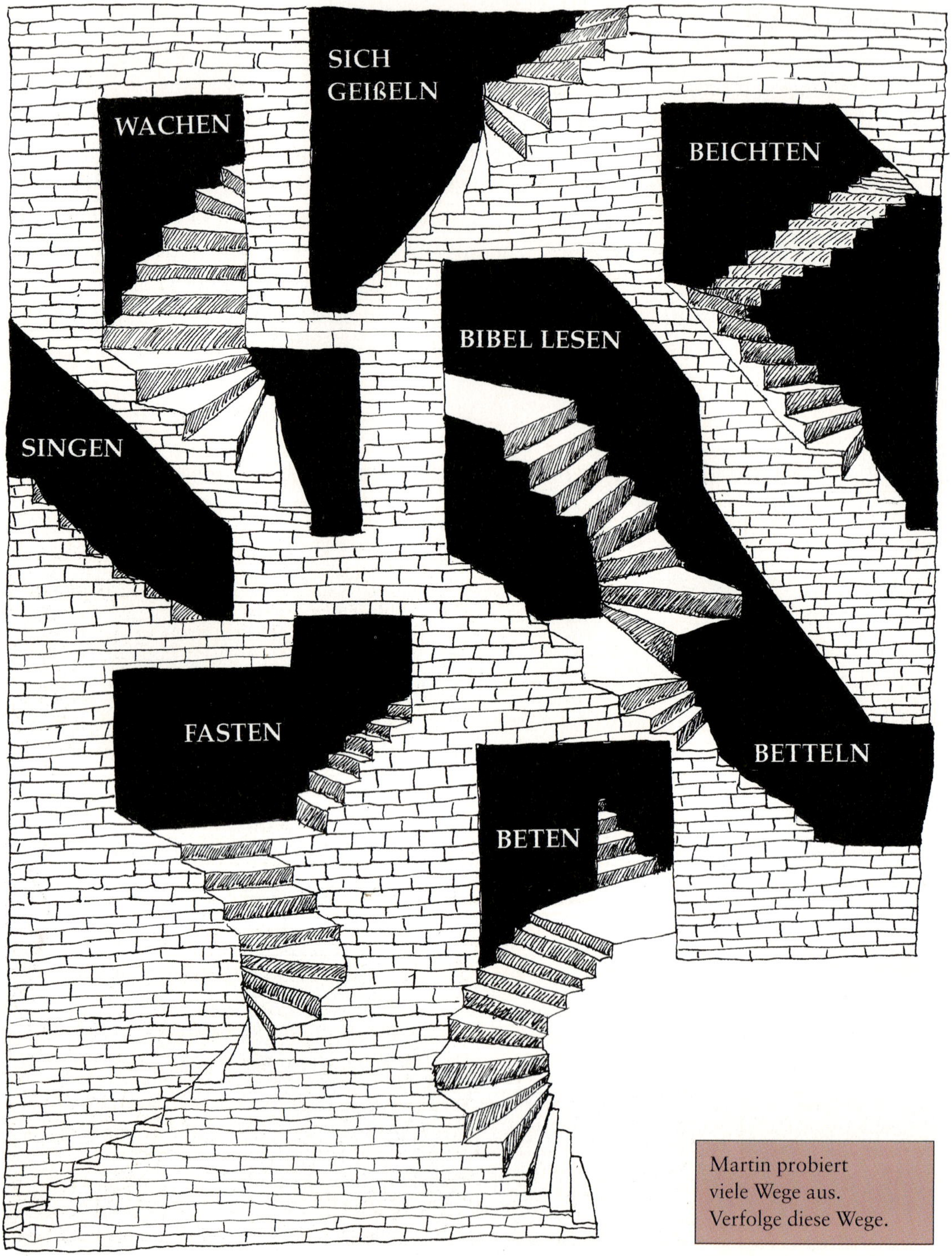

Martin probiert
viele Wege aus.
Verfolge diese Wege.

Ich bin hindurch

Luther wird Professor in Wittenberg. Seit Wochen sitzt er im Turmstübchen des Klosters und arbeitet an einer Auslegung des Römerbriefes. Aber er weiß selbst nicht, wie er den Studenten erklären soll, was Paulus meint, wenn er vom Gericht Gottes spricht. Gott verlangt einfach zu viel. Gerade er hat doch alles getan, um es Gott recht zu machen: Er ist ins Kloster gegangen. Er hat gebetet, gefastet, sich gegeißelt und gewacht. Aber alle diese Wege halfen ihm nicht aus seiner Angst. Es kommt ihm so vor, als interessiere sich Gott überhaupt nicht für ihn. Einen richtigen Hass hat er auf diesen Gott. Vor ihm kann er nicht bestehen, so sehr er sich auch bemüht. Keiner kann vor ihm bestehen. Immer wieder sieht er Christus vor sich stehen als den strengen Richter, der ihm Furcht einflößt.

Immer wieder studiert er eifrig in der Bibel. Was steht dort wirklich über diesen strengen Richter? Will Gott uns wirklich immer nur bestrafen? Will er immer noch mehr von uns fordern? Tag und Nacht grübelt Luther über diese Frage nach.

Mit einem Male fällt es ihm wie Schuppen von den Augen: Gott ist ja nicht nur der strenge Richter, er ist auch der barmherzige Vater. Luther weiß jetzt: Christus ist auch für mich gestorben. Wenn ich auf ihn vertraue, brauche ich mich nicht mehr vor Gott zu fürchten. Durch ihn darf ich zum Vater kommen – trotz meiner Fehler und Schwächen. Nun weiß ich: Gott hat mich lieb.

Als Luther das erlebt hat, kann er jubeln: „Ich fühle mich wie neu geboren und als wäre ich durch die geöffnete Pforte ins Paradies selbst eingekehrt.“

Martin Luther hat ein neues Bild von Jesus Christus entdeckt. Vergleiche es mit dem Christusbild, vor dem sich so viele Menschen fürchteten! Lies dazu die Geschichte vom verlorenen Schaf in deiner Bibel nach.

Ich kann nicht schweigen

Martin Luther hat erfahren: Gott ist mir gnädig. Ich muss mir seine Gnade nicht erst durch Anstrengung und Leistungen verdienen. Diese Erfahrung kann er nicht für sich behalten. Er sieht, wie die Kirche sich die Angst der Menschen vor dem Gericht Gottes zunutze macht und Ablassbriefe verkauft. Mit ihnen können sich die Menschen von den Sündenstrafen loskaufen, die ihnen der Priester bei der Beichte auferlegt.
Lautstark bietet der Mönch Tetzel solche Ablassbriefe gegen Geld an: „Hört her, Gott und der heilige Paulus rufen euch! Denkt an die Rettung eurer Seelen und der eurer Verstorbenen! Hört auf die Stimme eurer verstorbenen Verwandten und Freunde: Erbarmt euch unser! Wir sind in furchtbaren Qualen! Ihr könnt uns loskaufen. Wenn das Geld im Kasten klingt, die Seele aus dem Fegefeuer springt. Darum Leute, kauft Ablass!"
Luther kann es nicht mit ansehen, dass sich die Menschen ganz und gar auf den Ablass verlassen. Darum protestiert er öffentlich dagegen und verfasst 95 Thesen (Streitsätze). Dort heißt es: „Jeder wahre Christ, der seine Fehler bereut, hat volle Vergebung von Strafe und Schuld – auch ohne Ablass. Dem Armen und Bedürftigen geben, ist besser als Ablass kaufen". Am 31. Oktober 1517 hat Luther die 95 Thesen an der Tür der Schlosskirche zu Wittenberg angeschlagen. In Erinnerung daran begehen wir am 31. Oktober das Reformationsfest.

Überlegt euch ein Gespräch zwischen Luther und dem Käufer eines Ablassbriefes.

Für Luther wird es gefährlich

In wenigen Monaten sind Luthers 95 Thesen in ganz Deutschland bekannt. Für viele bedeuten sie die Befreiung aus ihrer Angst. Dadurch gewinnt Luther viele Anhänger. Genau dies aber missfällt dem Papst, den Bischöfen und vielen Fürsten. Der Papst fordert Luther auf: „Widerrufe, sonst droht Dir der Bann, der Ausschluss aus der Kirche und der Tod auf dem Scheiterhaufen!“

Luther verbrennt dieses päpstliche Schreiben öffentlich.

Wenige Monate später wird Luther gebannt. Auf dem Reichstag in Worms muss er sich vor dem Kaiser verantworten. Dieser erklärt ihn für vogelfrei. Jeder, der ihn trifft, soll ihn gefangen nehmen, ja er kann ihn sogar töten.

Luthers Freunde schätzen die Gefahr für sein Leben richtig ein. Auf der Rückreise vom Reichstag täuschen sie einen Überfall vor und entführen ihn auf die Wartburg. Luther lebt dort als Ritter unter dem Namen Junker Jörg.

Luther riskiert mit der Verbrennung dieses päpstlichen Schreibens viel. Seine Freunde haben Angst um ihn. Versucht ihre Sorgen auszudrücken.

Ein feste Burg ist unser Gott,
ein gute Wehr und Waffen.
Er hilft uns frei aus aller Not,
die uns jetzt hat betroffen.

Die befreiende Botschaft für alle

Fast ein Jahr verbringt Luther in der Einsamkeit der Wartburg. Auch in dieser Zeit wird er nicht müde den Menschen aus ihrer Angst zu helfen. Viele von ihnen können die frohe Botschaft der Bibel nicht lesen, weil sie nicht in deutscher Sprache geschrieben ist. Für sie hat Luther das Neue Testament ins Deutsche übersetzt. Als er wieder in Wittenberg ist, besucht ihn Meister Lukas.

Lucas: Gratuliere. Eben war ich beim Buchdrucker Lufft und habe euer neuestes Buch dort liegen sehen. Ich habe es mir auch gleich gekauft. Das ist großartig. Jetzt kann auch ich endlich im Neuen Testament lesen.

Luther: Genau das wollte ich. Jeder soll die befreiende Botschaft von Jesus lesen können.

Lucas: Aber sagt, wie habt ihr das denn alles fertig gebracht? Ihr seid doch so beschäftigt.

Luther: Ich war doch ein dreiviertel Jahr auf der Wartburg. Da hatte ich Zeit an der Übersetzung zu arbeiten.

Lucas: Und wie lange habt ihr dazu gebraucht?

Luther: Nun, in drei Monaten war es geschafft. Dabei habe ich das Neue Testament nicht aus dem Lateinischen, sondern aus dem Griechischen übersetzt, aus der Sprache, in der es ursprünglich geschrieben war.

Lucas: Und was ist mit dem Alten Testament?

Luther: Auch damit haben wir begonnen. Aber das wird noch ein schweres Stück Arbeit. Kann doch kaum einer von uns gut genug Hebräisch. Ich fürchte, da müsst ihr euch noch eine Weile gedulden.

Erst zwölf Jahre später erscheint die gesamte Bibel in deutscher Sprache.
Ihr könnt dieses wertvolle Buch im Bild oben betrachten.

Wege auseinander

In der folgenden Zeit wird in den Kirchengemeinden, die sich der neuen Lehre anschließen, vieles anders. Viele Mönche verlassen ihre Klöster. Diese werden aufgelöst und in Schulen umgewandelt. Pfarrer dürfen heiraten und Familien gründen. Der gesamte Gottesdienst wird in deutscher Sprache abgehalten. Im Mittelpunkt stehen Predigt und Abendmahl. Die Lieder der Gemeinde werden von der Orgel begleitet.
Bald erkennt man, dass für diesen Gottesdienst die alten Kirchengebäude nicht mehr geeignet sind. So baut man sie entweder um oder errichtet ganz neue, typisch evangelische Kirchen.
Die Anhänger der neuen Lehre werden „Protestanten" oder „Evangelische" genannt.

Du kannst die Einrichtung dieser evangelischen Kirche sicher erklären.

Eine katholische Kirche besuchen

Als Gast in einer katholischen Kirche kannst du vieles entdecken, das dir nicht vertraut ist.
Deine katholischen Mitschüler können dir sicher einiges erklären.

Noch gehen evangelische und katholische Christen in verschiedene Kirchen. Noch bestehen deutliche Unterschiede zwischen den beiden Konfessionen. Trotzdem kommen sich katholische und evangelische Christen immer näher, denn es gibt auch viele Gemeinsamkeiten.

Kirche – ein Haus, das lebt

Auch du kannst ein Stein in diesem Haus sein.

Wo zwei oder drei in meinem Namen versammelt sind…

In einer Kinderbibelwoche haben sich alle Gedanken über das Vaterunser gemacht. Sie stellen ihre Ergebnisse in einem gemeinsamen Gottesdienst vor.

Vater unser im Himmel -
geheiligt werde dein Name -
dein Reich komme -
dein Wille geschehe wie
im Himmel so auf Erden.
Unser tägliches Brot gib
uns heute. Und vergib uns
unsere Schuld, wie auch
wir vergeben unseren
Schuldigern.
Und führe uns nicht in
Versuchung, sondern
erlöse uns von dem Bösen -
denn dein ist das Reich
und die Kraft und die
Herrlichkeit
in Ewigkeit Amen

Habt ihr Lust, auch ein Vaterunser-Leporello zu gestalten?

Diese Plakate könnten während einer Kinderbibelwoche entstanden sein.
Den ganzen Text des Glaubensbekenntnisses findet ihr auf Seite 66. Überlegt, warum er zu beiden Seiten gehört.

Miteinander ein Buch lesen

1. Schritt:
Zu welchem Thema wollen wir ein Buch lesen?

* Welches Thema aus dem Religionsunterricht interessiert uns besonders?
* Wozu möchten wir noch mehr wissen?
* Welches Thema ist auch für andere interessant?

2. Schritt:
Wo finden wir zu unserem Thema geeignete Bücher?

3. Schritt:
Welches Buch wählen wir für uns aus?

* Soll es ein bebildertes Buch sein?
* Wollen wir eine lange Geschichte aussuchen?
* Wollen wir lieber mehrere kurze Geschichten zu unserem Thema lesen?

4. Schritt:
Wie wollen wir den Inhalt des Buches kennen lernen?

5. Schritt:
Wie können wir den Inhalt des Buches in unserer Literaturwerkstatt ausgestalten?

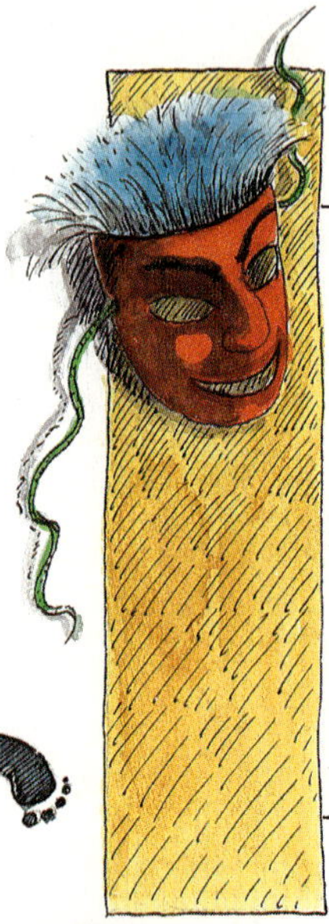

THEATER-WERKSTATT

Hier können wir eine ausgesuchte Szene spielen.

KÜNSTLER-WERKSTATT

Hier können wir auch ohne Worte erzählen.

HÖRSPIEL-WERKSTATT

Hier können wir ein Stück der Geschichte spannend vorbereiten.

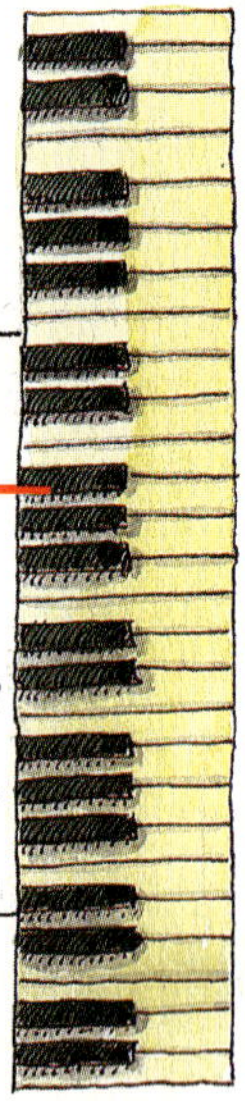

MUSIK-WERKSTATT

Hier können wir die Musik zum Theaterspiel machen.

SCHREIB-WERKSTATT

Hier können wir aufschreiben, wie die Geschichte weitergehen könnte.

6. Schritt:
Wie können wir auch andere zum Lesen des Buches verlocken?

* Wollen wir sie zum Mitmachen in unserer Literaturwerkstatt einladen?
* Wollen wir ihnen lieber unsere Ergebnisse vorstellen?
* Wollen wir im Schulhaus – z. B. durch eine Ausstellung – auf unser Buch aufmerksam machen?

Lieder- und Textverzeichnis

Seite 10 – Und da spricht Gott (Auszug und Weg durch das Meer): Dietrich Steinwede; in: Dietrich Steinwede: Kommt und schaut die Taten Gottes. Vandenhoeck & Ruprecht, Göttingen 1982, S. 49 (in Auszügen).
Seite 12 – Und ich – höre ich dich?: Regine Schindler; in: Regine Schindler: Gott, ich kann mit dir reden. Verlag Kaufmann, Lahr ^{2}1983, S. 54, V. 3 + 4.
Seite 12 – Lied: Gott geht mit: Text: Kinderkirchentagsteam 1979; Melodie: Rainer Ibe; tvd-Verlag, Düsseldorf 1989, S. 42
Seite 14 – Gott, ich möchte dich gerne sehen: Regine Schindler; in: Regine Schindler: Gott, ich kann mit dir reden. Verlag Kaufmann, Lahr ^{2}1983, S. 46, V. 1 + 2.
Seite 17 – Lied: Gott, gib uns Wasser in der Wüste: Produktion: Rainer Ibe, Rostocker Straße 22, Düsseldorf; in: Neue Kinderlieder 3. Wachsen wie ein Baum. Lieder zum Frieden. tvd-Verlag, Düsseldorf o. J., S. 13.
Seite 19 – nach: Ich, der Herr, bin dein Gott: Kurt Rommel; in: E. Conrad/U. Defrecker/H. Kaiser (Hg.): Erzählbuch zum Glauben. Die Zehn Gebote. Kaufmann/Patmos, Düsseldorf 1983, S. 17.
Seite 21 – Hallo, Maria!: Marlee und Benny Alex: Großvater und ich und die traurige Geschichte mit dem kleinen Kätzchen. Brunnen-Verlag, Basel/Gießen ^{4}1995, S. 4 ff., 8.
Seite 22 – Nein, nein. Die fressen ...: aus: Marlee und Benny Alex: Großvater und ich und die traurige Geschichte mit dem kleinen Kätzchen. Brunnen-Verlag, Basel/Gießen ^{4}1995, S. 8 ff.
Seite 24 – Daheim begann für Maria: aus: Marlee und Benny Alex: Großvater und ich und die traurige Geschichte mit dem kleinen Kätzchen. Brunnen-Verlag, Basel/Gießen ^{4}1995, S. 26 ff.
Seite 24 – Lied: Ich möcht', dass einer mit mir geht: aus: Evangelisches Gesangbuch, S. 406, Lied Nr. 209. Text und Melodie: Hanns Kübler, 1964. (c) Gustav Bosse Verlag, Regensburg.
Seite 26 – Im Krankenhaus: aus: Marlee und Benny Alex: Großvater und ich und die traurige Geschichte mit dem kleinen Kätzchen. Brunnen-Verlag, Basel/Gießen ^{4}1995, S. 26 ff.
Seite 27 – Maria ging zu den Tieren: aus: Marlee und Benny Alex: Großvater und ich und die traurige Geschichte mit dem kleinen Kätzchen. Brunnen-Verlag, Basel/Gießen ^{4}1995, S. 41.
Seite 29 – Lied: Hoffnung die dunkle Nacht erhellt; Kanon zu 3 Stimmen von W. Christlein; in: Liederheft für die Gemeinde, Lied Nr. 682; hg. im Auftrag der Evang.-Luth. Landeskirche in Bayern. Evang. Presseverband, München 1983, 4. Aufl. (Rechte: Amt für Gemeindedienst, Nürnberg).
Seite 31 – Lieber Gott: aus: Marlee und Benny Alex: Großvater und ich und die traurige Geschichte mit dem kleinen Kätzchen. Brunnen-Verlag, Basel/Gießen ^{4}1995, S. 40.
Seite 33 – Lied: Meinem Gott gehört die Welt: Text Arno Pötzsch; Melodie: Christian Lahusen. Eigentum: Bärenreiter-Verlag, Kassel und Basel.
Seite 35 – Lied: Vom Himmel hoch, da komm ich her: Martin Luther: Melodie: Martin Luther; in: Evangelisches Gesangbuch, Evangelischer Presseverband für Bayern e. V., München, Lied Nr. 24, V. 1/2/3/5.
Seite 36 – Lied: Vom Himmel hoch, da komm ich her: Martin Luther; in: Evangelisches Gesangbuch, Evangelischer Presseverband für Bayern e. V., München, Lied Nr. 24, V. 6.
Seite 39 – Lied: Lasst euch anstiften: Text: Rolf Krenzer; in: Weihnachten ist nicht mehr weit. Menschenkinder Verlag, Münster 1993, V. 3/5.
Seite 40 – Die Türklinke: in: Willi Hoffsümmer (Hg.): Kurzgeschichten 3. 244 Kurzgeschichten für Gottesdienst, Schule und Gruppe. Matthias Grünewald Verlag, Mainz 1987, S. 96.
Seite 41 – Nicht in meinem Haus: Gudrun Pausewang; in: Gudrun Pausewang: Frieden kommt nicht von allein. Ravensburger Verlag, Ravensburg 1982, S. 127 (gekürzt).
Seite 42 – Wie spielt man Frieden?: Marie Luise Dieckmann; in: Willi Hoffsümmer (Hg.): Kurzgeschichten 1. 255 Kurzgeschichten für Gottesdienst, Schule und Gruppe. Matthias Grünewald Verlag, Mainz ^{7}1985, S. 90.
Seite 43 – Engel: Rudolf Otto Wiemer; © Quell-Verlag, Stuttgart.
Seite 45 – Lied: Liebe ist nicht nur ein Wort (Weiterdichtung: Hoffnung ist nicht nur ein Wort): Text: Eckart Bücken; Melodie: Gerd Geerken; in: Neue geistliche Lieder, Band III, BE 809. Rechte: Gustav Bosse Verlag, Regensburg.
Seite 46 – Lied: Liebe ist nicht nur ein Wort (Weiterdichtung: Trost, das ist mehr als ein Wort): Text: Eckart Bücken; Melodie: Gerd Geerken; in: Neue geistliche Lieder, Band III, BE 809. Rechte: Gustav Bosse Verlag, Regensburg.
Seite 47 – Lied: Liebe ist nicht nur ein Wort: Text: Eckart Bücken; Melodie: Gerd Geerken; in: Neue geistliche Lieder, Band III, BE 809. Rechte: Gustav Bosse Verlag, Regensburg.
Seite 48 – Bitten der Kinder: Bertolt Brecht; in: Die Gedichte von Bertolt Brecht in einem Band. Suhrkamp, Frankfurt a. M. ^{7}1993, S. 995.

Seite 49 – Der Frieden: Eva Rechlin; in: Dietrich Steinwede/Sabine Ruprecht (Hg.): Vorlesebuch Religion 1. Verlag Ernst Kaufmann, Lahr 1988, S. 290.
Seite 49 – Lied: Liebe ist nicht nur ein Wort (Weiterdichtung: Frieden ist nicht nur ein Wort): Text: Eckart Bücken; Melodie: Gerd Geerken; in: Neue geistliche Lieder, Band III, BE 809. Rechte: Gustav Bosse Verlag, Regensburg.
Seite 52 – Lied: Hoffnung die dunkle Nacht erhellt: W. Christlein; in: Evangelisch-Lutherische Kirche in Bayern (Hg.): Auf und macht die Herzen weit. Evangelischer Presse Verlag/Voggenreiter & Strube, München ^{2}1983, Nr. 628. Rechte: Amt für Gemeindedienst, Nürnberg.
Seite 55 – Lied: Gib uns Frieden jeden Tag: Text: Kurt Rommel/Rüdeger Lüders; Melodie: Rüdeger Lüders; in: Neue Kinderlieder, BE 807. Rechte: Gustav Bosse Verlag, Regensburg.
Seite 59 – In Bewegung sein: nach: Dietrich Steinwede; in: Dietrich Steinwede: Pfingsten. Patmos/Kaufmann, Düsseldorf/Lahr 1979, S. 3.
Seite 60 – Gottes Geist: nach: Dietrich Steinwede; in: Dietrich Steinwede: Pfingsten. Patmos/Kaufmann, Düsseldorf/Lahr Auch 1979, S. 17.
Seite 61 – Auch Paulus hat alles: nach: Dietrich Steinwede: Paulus aus Tarsus. Patmos/Kaufmann, Düsseldorf/Lahr 1979, S. 4, 10.
Seite 63 – Seid einträchtig: nach: Dietrich Steinwede; in: Dietrich Steinwede: Paulus aus Tarsus. Patmos/Kaufmann, Düsseldorf/Lahr 1979, S. 40, 43.
Seite 64 – Paulus und seine Freunde: nach: Dietrich Steinwede: Paulus aus Tarsus. Patmos/Kaufmann, Düsseldorf/Lahr 1979, S. 23.
Seite 65 – Nimm mich ganz fest: Irmhild Bärend; in: Ingeborg Kiefel/Beate Dey: Wir gemeinsam. Kiefel Verlag, Wuppertal 1991, S. 33.
Seite 67 – . . . Aber ich bin . . .: nach: Dietrich Steinwede: Paulus aus Tarsus. Patmos/Kaufmann, Düsseldorf/Lahr 1979, S. 6.
Seite 67 – Lied: Von guten Mächten: Dietrich Bonhoeffer; in: Heinz Rehlen (Hg.): Ein frohes Lied. Evangelischer Presseverband, München 1995 (Neuausgabe).
Seite 69 – Hol doch deinen Bruder an den Tisch!: Willi Hoffsümmer; in: Willi Hoffsümmer (Hg.): Geschichten wie offene Türen. Matthias Grünewald Verlag, Mainz 1990, S. 105.
Seite 70 – Kinder helfen Altersgenossen: in: Nürnberger Nachrichten, April 1995.
Seite 71 – Ein junger Mann (Nur ein Traum?): in: Werner Schaube: Bibel für junge Leute. Pattloch, Augsburg 1992, S. 117.
Seite 71 – Lied: Vertrauen wagen: Fritz Baltruweit; alle Rechte tvd-Verlag GmbH, Düsseldorf.
Seite 76 – Wenn mein Vater: Josef Guggenmos; in: Dietrich Steinwede (Hg.), Vorlesebuch Religion 1. Kaufmann, Lahr 1971, S. 140. Originalquelle: Josef Guggenmos: Was denkt die Maus am Donnerstag? Georg Bitter Verlag, Recklinghausen.
Seite 77 – Keine Zeit (Eltern): nach: Jürgen Spohn: Bleib' noch ein Weilchen. Weinheim 1983.
Seiten 77, 79, 81, 83 – Texte der Gebote auf den Wegweisern nach J. Zink; in: Jörg Zink: Neue zehn Gebote. Kreuz Verlag, Stuttgart 1995.
Seite 79 – Einen tiefen Eindruck (Befreit von Menschenfurcht): nach: Albert Schweitzer; in: C. Bauer (Hg.): Ich glaube an die Zukunft. Kiefel Verlag, Wuppertal 1987, S. 18.
Seite 81 – Die beiden Brüder: Mit einigen unwesentlichen Veränderungen aus dem Hebräischen übertragen von J. Kerschensteiner, in: Prediger und Katechet I/81, S. 71 f., Franz Sageder.
Seite 82 – Eines Tages entschloss sich (Von der besten und schlechtesten Sache der Welt): Märchen aus Kuba; in: Dietrich Steinwede (Hg.), Vorlesebuch Religion 1. Kaufmann, Lahr 1971, S. 246.
Seite 84 – Ich bin ein paar Jahre älter (Jeder ist verantwortlich): Erich Kästner; in: Erich Kästner: Die kleine Freiheit. Atrium Verlag, Zürich 1952.
Seite 85 – Ich habe es gut!: C. Bauer; in: C. Bauer (Hg.): Ich glaube an die Zukunft. Kiefel Verlag, Wuppertal 1987, S. 4.
Seite 88 – Lied: Höret, höret, Jesus ruft euch; in: Thumshangilie Mungu. Printfast Kenya Limited, Nairobi Kenya ^{6}1987, S. 151.
Seite 90 – Liebe weitertragen (Kindergottesdienst in Tansania): Horst Birkhölzer u. a.: Wegzeichen 4. Verlag Moritz Diesterweg, Frankfurt am Main 1980, S. 84–86 (umgeschrieben von E. Landsberger).
Seite 91 – Von früher hören (Pioniermission in Tansania): Johanna Hausdörfer; in: Missionspädagogische Arbeitsgemeinschaft (Hg.): Lebendige Kirche in einem armen Land. Freimund Verlag, Neuendettelsau 1989, S. 40–42 (umgeschrieben von E. Landsberger).
Seite 92 ff. – Was heute geschieht: Christian Weitnauer (Evangelisches Pfarramt, Goethestraße 13, Großostheim, Tel. 0 60 26/14 84); umgeschrieben von Eckhard Landsberger.
Seite 95 – Miteinander teilen: Evangelisches Missionswerk (Hg.): Unser täglich Brot gib uns heute. (Mittelweg 143) Hamburg 1989, S. 19.
Seite 99 – Lied: Wer ist Herrscher aller Zeiten? aus: Gesangbuch Tumshangilie Mungu, hg. am Lutheran Theological College in Makumira von Howard S. Olson. Printfast Kenia Limited, Nairobi, Kenia, Lied-Nr. 65, S. 92. Text/Melodie: Nyika Tune. Setting: Austin C. Lovelace.

Seite 110 – Ein feste Burg ist unser Gott; in: Evangelisches Gesangbuch Nr. 362, 1.
Seite 114 – Lied: Gott baut ein Haus, das lebt: Text und Melodie: Waltraud Osterlad; in: Familien- und Jugendgottesdienst 3/1987. Bergmoser und Höller Verlag GmbH, Aachen.

Abbildungsnachweis

Illustrationen von Jutta Garbert, Neustadt a.d. Aisch; Irmtraud Guhe, München; Andreas Röckener, Oststeinbek; Werner Ruhner, Leipzig; S. 5 – Marc Chagall: Moses vor dem brennenden Dornbusch (Ausschnitt), © VG Bild-Kunst, Bonn, 1996; S. 7 – Marc Chagall: Die Errettung des Mose aus dem Nil, © VG Bild-Kunst, Bonn, 1996; S. 9 – Marc Chagall: Die Gotteserscheinung im brennenden Dornbusch, © VG Bild-Kunst, Bonn, 1996; S. 11 – Marc Chagall: Israel isst das Pessach-Lamm, © VG Bild-Kunst, Bonn, 1996; S. 13 – Marc Chagall: Der Durchzug durch das Schilfmeer, © VG Bild-Kunst, Bonn, 1996; S. 15 – Marc Chagall: Moses empfängt die Gesetzestafeln, © VG Bild-Kunst, Bonn, 1996; S. 20 – Berthold Schweiz, München; S. 23 – Ruth Speidel, München; S. 25 – Paula Modersohn-Becker: Bildnis eines kleinen Mädchens, um 1905; S. 27, 31, 32, 33 – Scandinavia Publishing House, DK Copenhagen; S. 28 – Käthe Kollwitz: Studie zum linken Teil der Radierung „Zertretene" © VG Bild-Kunst, Bonn, 1996; S. 29, 30 – Christiane Wolf-Schweiz, München; S. 34 – Perikopenbuch Heinrich II, Verkündigung an die Hirten, Bayerische Staatsbibliothek, München; S. 36 – Rembrandt van Rijn „Anbetung der Hirten, 1646", Artothek, Peissenberg; S. 38 – Paul Klee: Engel, noch tastend, 1939, 1193 (MN 13); Fettkreide, Kleisterfarben und Aquarell auf Papier; 29,4 × 20,8 cm; Privatbesitz Schweiz; Foto: Kunstmuseum Bern, Paul-Klee-Stiftung, Bern; © VG Bild-Kunst, Bonn, 1996; S. 44, 48, 57 – Jochen Lay, Ochsenfurt; S. 46 – Foto: Michael Albus in M. Albus/P. Härtling „Kinder einer Erde", S. 49; S. 53 – Gisela Harupa „Bilder zur Bibel", © Dr. H. J. Schemensky, Bergisch Gladbach; S. 58, 71 – Salvador Dali: Pfingsten, © Demart pro arte B. V./VG Bild-Kunst, Bonn, 1996; S. 64 – Taufbecken von Heinz Heiber, St. Lorenzkirche, Nürnberg, Ev. Pfarramt, Nürnberg; S. 67 – Joan Miro: Der Sonnenschlucker, 1955, © VG Bild-Kunst, Bonn, 1996; S. 68 – Kalender zur Kirchentagslosung 1993 „Nehmet einander an", herausgegeben von der Münchner Arbeitsstelle Kirchentag 1993 der Evangelisch-Lutherischen Kirche in Bayern, München; S. 72 – Es ist dir gesagt Mensch, was gut ist, Eva Degenhardt, Köln, © tvd-Verlag Düsseldorf, 1995; S. 73 – Walter Habdank: Canticum novum…, Holzschnitt 1973, © VG Bild-Kunst, Bonn, 1996; S. 78 o. li. – M. Seifert, Hannover; S. 78 o. re. – pbp-Poss; S. 78 u. re. – Chr. Topp, München; S. 87 u., 90, 93 – Missionswerk der Ev. Luth. Kirche in Bayern, Neuendettelsau; S. 87 o., 88, 89, 91, 96, 97, 99 – E. Landsberger, RPZ Heilsbronn; S. 94 – Chr. Weitnauer, Großostheim; S. 103 – Weltgericht, Meister der Verherrlichung Mariae (tätig in Köln um 1460–1479/80 oder 1493) zugeschrieben; Zürich, Fondation Rau, Foto: P. Schälchli; S. 104 – Christiane Wolf-Schweiz, München; S. 107 – Guter Hirte. Keramik von Franz Crone, Telgte. Nr. 5931, Beuroner Kunstverlag; S. 112 – Foto Drumm, Bad Windsheim; S. 113 – KNA-Bild, Frankfurt.

987 654 3